KERSTIN M

PSYCHOLO
— IN 60 SEKUNDEN E

KERSTIN MENZEL

PSYCHOLOGIE

in **60 SEKUNDEN** erklärt

riva

Bibliografische Information der Deutschen Nationalbibliothek
Die Deutsche Nationalbibliothek verzeichnet diese Publikation in der
Deutschen Nationalbibliografie. Detaillierte bibliografische Daten
sind im Internet über http://dnb.d-nb.de abrufbar.

Für Fragen und Anregungen:
info@rivaverlag.de

Originalausgabe

1. Auflage 2016

© 2016 by riva Verlag, ein Imprint der Münchner Verlagsgruppe GmbH,
Nymphenburger Straße 86
D-80636 München
Tel.: 089 651285-0
Fax: 089 652096

Alle Rechte, insbesondere das Recht der Vervielfältigung und Verbreitung
sowie der Übersetzung, vorbehalten. Kein Teil des Werkes darf in irgend-
einer Form (durch Fotokopie, Mikrofilm oder ein anderes Verfahren) ohne
schriftliche Genehmigung des Verlages reproduziert oder unter Verwendung elektronischer Systeme gespeichert, verarbeitet, vervielfältigt oder
verbreitet werden.

Redaktion: Palma Müller-Scherf
Umschlaggestaltung: Melanie Melzer
Umschlagabbildung: Shutterstock
Bildbearbeitung: Pamela Machleidt
Satz: inpunkt[w]o, Haiger
Druck: Graspo CZ, Tschechische Republik
Printed in the EU

ISBN Print 978-3-86883-839-8
ISBN E-Book (PDF) 978-3-95971-144-9
ISBN E-Book (EPUB, Mobi) 978-3-95971-145-6

Weitere Informationen zum Verlag finden Sie unter

www.rivaverlag.de

Beachten Sie auch unsere weiteren Verlage unter
www.muenchner-verlagsgruppe.de

INHALT

DIE LEHRE DER SEELE – ODER WAS IST EIGENTLICH PSYCHOLOGIE? 8
Eine kleine Definition 8
Psychologe, Psychiater, Psychotherapeut – Wer macht was? 10
Andere Denker, andere Ideen: Die verschiedenen Richtungen 11

TIEFENPSYCHOLOGIE 14
Schnellcheck: Was ist das? 14
Ich, Es und Über-Ich: Mit Freud auf die Couch 15
Komplexe Komplexe: Adler und das Selbstwertgefühl 17
Unbewusste Archetypen: Jung und die angeborenen Erinnerungen 18
Das Über-Ich als verinnerlichter Elternteil:
Die Theorien von Freud-Tochter Anna 20
Produktive beziehungsweise nichtproduktive Persönlichkeiten:
Fromm und die Liebe 21
Tiefenpsychologie heute: Stand der Dinge 23

BEHAVIORISMUS 25
Schnellcheck: Was ist das? 25
Wenn der Hund beim Klingeln sabbert: Konditionierung nach Pawlow 26
Erfolg führt zur Wiederholung: Thorndikes Gesetz der Wirkung 28
Das Fürchten lehren: Erziehung à la Watson 29
Operantes Konditionieren: Skinners gereizte Ratten 31
Reziproke Hemmung: Angst verlernen mit Wolpe 32
Behaviorismus heute: Stand der Dinge 34

KOGNITIVISMUS 36

Schnellcheck: Was ist das? 36
Gesetze der Wahrnehmung: Max Wertheimers Sehen von Bewegung 37
Wenn Schimpansen Bananen wollen: Lernen durch Einsicht mit
Wolfgang Köhler 39
Die Wahrnehmung verändern: Realitätsüberprüfung mit Aaron Beck 41
»Von außen geleitete Halluzinationen«: Shepards Erkenntnisse zur
Wahrnehmung 42
Mentale Manipulation der Vergangenheit: Loftus' falsche Erinnerungen 44
Kognitivismus heute: Stand der Dinge 45

HUMANISTISCHE PSYCHOLOGIE 48

Schnellcheck: Was ist das? 48
Vier Grundtendenzen menschlichen Lebens:
»Welttest«-Begründerin Bühler 50
Klientenzentrierte Gesprächstherapie: Rogers' »gutes Leben« 51
Wie geht Selbstverwirklichung? Die Maslowsche Bedürfnispyramide 53
Kommunikation zur Konfliktlösung: Das Gordon-Modell 55
Humanistische Psychologie heute: Stand der Dinge 56

GRUNDLAGENFÄCHER 58

Allgemeine Psychologie 58
Biologische Psychologie 60
Differentielle oder Persönlichkeitspsychologie 61
Entwicklungspsychologie 63
Sozialpsychologie 65

ANGEWANDTE PSYCHOLOGIE 67

Klinische Psychologie 67
Psychische Störung – Was ist das? 68
Häufige psychische Störungen 70

Medienpsychologie 72
Pädagogische Psychologie... 73
Rechtspsychologie 75
Umweltpsychologie 76
Wirtschaftspsychologie... 78

GLOSSAR 80

QUELLENVERZEICHNIS 87

DIE LEHRE DER SEELE – ODER WAS IST EIGENTLICH PSYCHOLOGIE?

Eine kleine Definition

Psychologische Fragen beschäftigen die Menschen seit Urzeiten: Bereits etwa 350 v. Chr. wurde ein Lehrbuch *Über die Seele* verfasst; Autor war der Philosoph Aristoteles. Doch auf die naturwissenschaftliche Suche nach dem, was den Menschen im Innersten ausmacht, begaben sich erst die Gelehrten des 19. Jahrhunderts: Seit der Gründung des ersten experimentellen Labors zur Erforschung psychologischer Phänomene 1879 durch Wilhelm Wundt an der Universität Leipzig ist die Psychologie als eigene Wissenschaft anerkannt. Was sie genau beinhaltet, ist vielen Menschen dennoch bis heute ein Rätsel.

»Lehre von der Seele« lautet die wörtliche Übersetzung des aus dem Altgriechischen stammenden Begriffs. »Psyche« heißt so viel wie Atem, Hauch oder Seele, *logos* bedeutet Lehre. Psychologen nutzen die folgende Erklärung: Psychologie ist die Wissenschaft vom Erleben und Verhalten des Menschen. Wobei »Verhalten« praktisch für alles steht, was wir so tun, und »Erleben« für unsere Wahrnehmung, Gefühle, Gedanken und Erinnerungen. Da diese von außen nicht erkennbar sind, bedient sich die Psychologie diverser Methoden, um einen Blick in unser Inneres zu werfen. Neben der seit Jahrhunderten bewährten Introspektion (Selbstbeobachtung) gibt auch die neuere Errungenschaft der Apparatemedizin Aufschluss über das, was in uns vorgeht.

Während Anfang des 20. Jahrhunderts zwischen der »verstehenden«, geisteswissenschaftlich ausgerichteten und der »erklärenden« naturwissenschaftlich orientierten Psychologie unterschieden wurde, ist die moderne Psychologie interdisziplinär und eng mit Naturwissenschaften wie Biologie oder Medizin verknüpft. Deshalb vergeben die meisten Hochschulen auch den naturwissenschaftlichen Zusatz Bachelor oder Master »of Science«, wohingegen bei Geisteswissenschaften das Kürzel »of Arts« verwendet wird.

Psychologe, Psychiater, Psychotherapeut – Wer macht was?

Wer die Vorsilbe »Psy-« und »Berufsbild« in Suchmaschinen tippt, erhält viele Ergebnisse. Ein wahrer Psy-Dschungel, der gerade Menschen in Krisensituationen zu schaffen macht. An wen wende ich mich bei seelischen Problemen? Früher gab es den Nervenarzt; dieser Berufszweig ist heute aufgeteilt in zwei medizinische Anwendungsfelder, Psychiatrie und Neurologie. Ein Psychiater hat das Studium der Medizin abgeschlossen. Zusätzlich absolvierte er eine mehrjährige Weiterbildung in der Psychiatrie mit Facharztprüfung. Ein Psychiater führt eine klassische Anamnese durch und bedient sich zur Diagnose unter Umständen diverser psychologischer oder neurologischer Tests. Als Arzt darf er dem Patienten Medikamente (»Psychopharmaka«) verschreiben.

Neurologen beschäftigen sich mehr mit physischen Auffälligkeiten im Nervensystem als mit seelischen Störungen. Es gibt Ärzte, die sowohl Psychiater als auch Neurologen sind. Psychologen haben nicht Medizin, sondern Psychologie studiert und arbeiten in diversen Feldern, ohne zwingend therapeutisch tätig zu sein. Es gibt Psychologen in der Wirtschaft, zum Beispiel in Personalabteilungen, oder bei der Polizei, die unter anderem

Täterprofile erstellen. Psychotherapeuten gibt es mit den Zusatzbezeichnungen »ärztlich« und »psychologisch«. Erstere sind Mediziner (zum Beispiel Psychiater) die die therapeutische Zusatzausbildung gemacht haben. Letztere sind Psychologen, die die drei- bis fünfjährige Weiterbildung absolvierten. Beide dürfen qualifizierte Psychotherapie anbieten; eine Kostenübernahme durch die Krankenkasse ist möglich. Heilpraktiker für Psychotherapie haben nicht studiert, sondern eine Heilpraktikerschule besucht. Da keine vorgeschriebene Ausbildung existiert, sind die Qualifikationen sehr unterschiedlich. Die Kassen zahlen diese Behandlung nicht.

Andere Denker, andere Ideen: Die verschiedenen Richtungen

Innerhalb der interdisziplinären Wissenschaft Psychologie zwischen Gebieten, Teildisziplinen und Theorien zu unterscheiden ist gar nicht so einfach. Zunächst kann man zwischen zwei großen Standardgebieten (Teildisziplinen) unterscheiden. Das sind zum einen die **Grundlagenfächer** (siehe Kapitel 6); sie haben zum Zweck, grundlegende psychische Erscheinungen auf kognitiver, biologischer, intra- und interpersoneller Basis zu erforschen, zu beschreiben beziehungsweise zu erklären.

Die **Anwendungsfächer** (siehe Kapitel 7) hingegen ergeben sich aus den unterschiedlichen Praxisbezügen: Es wird versucht, die gewonnenen Erkenntnisse praktisch anzuwenden. Die Entwicklung und Beantwortung zielgerichteter Fragen unter anderem zur Diagnose und Modifikation des Verhaltens und Erlebens von Menschen stehen hierbei im Vordergrund.

Methodenfächer konzentrieren sich auf den wissenschaftstheoretischen Hintergrund sowie auf die vielfältigen Forschungsverfahren und Methoden der psychologischen Praxis, die hier jedoch nur in Zusammenhang mit den sogenannten Paradigmen erwähnt werden. Innerhalb der Psychologie gibt es nämlich verschiedene theoretische Betrachtungsweisen (Paradigmen), mit denen zum Beispiel das Verhalten oder die Entwicklung eines Menschen gedeutet werden können. Nach den wichtigsten theoretischen Strömungen gliedern sich die Kapitel 2-6 dieses Buches. Sie geben einen Überblick über die Hauptströmungen und ihre wichtigsten Vertreter. Die sogenannten **Schulen** sind benannt nach Richtung, Menschenbild beziehungsweise Methode oder Ort, an dem die spezielle Ausrichtung erforscht wurde (zum Beispiel Leipziger Schule). Schulenzugehörigkeit ist ein wichtiges Merkmal für Psychologen, denn trifft man auf Kollegen der gleichen Schule, sind eine ähnliche Ansicht und entsprechende

Vorkenntnisse dieser Richtung vorhanden. Anders sieht es aus, wenn Vertreter unterschiedlicher Schulen zusammenkommen: Hier herrschen zum Teil durchaus Streit und Konkurrenzdenken, da sich die Richtungen unter anderem durch Forschung, Lehre, Diagnostik und Therapiearbeiten unterscheiden. Es kommt trotzdem vor, dass Anhänger unterschiedlicher Schulen an der gleichen Uni und im gleichen Fachbereich (mehr oder weniger gut) zusammenarbeiten.

TIEFENPSYCHOLOGIE

Schnellcheck: Was ist das?

Einige Gelehrte hatten schon zu Beginn des 20. Jahrhunderts erhebliche Zweifel an der strikt auf den sich manifestierenden Geist ausgerichteten Psychologie. Für sie stand fest, dass der Mensch nicht nur ein Bewusstsein hat, das Informationen wie zum Beispiel Erinnerungen sammelt, sondern auch – und viel bestimmender für unsere Persönlichkeit – ein Unterbewusstsein. In diesen Speicher, eher so etwas wie der Keller der Seele, wird der Theorie nach all das abgeschoben, was uns im »Erdgeschoss« zu unangenehm ist. Wünsche, die uns vielleicht beschämen, Ängste, schmerzhafte Emotionen, Konflikte und natürlich die viel beschworenen Triebe, werden der Tiefenpsychologie zufolge in dieser Kammer gelagert. Innerlich verschließen wir die Kellertür zwar mit einem dicken Vorhängeschloss, damit die ungewollten Erscheinungen dahinter verborgen bleiben. Doch ebenso wie uns ein chaotisches Untergeschoss im realen

Leben öfter mal schlechte Laune bereitet, beeinflusst das Dasein dieses Seelenkellers unser Verhalten und kann je nach Inhalt psychische Störungen auslösen.

Die wiederum werden wir nach der Lehre nur wieder los, indem wir uns irgendwann mit psychoanalytischer Begleitung in die Tiefen des Unbewussten aufmachen, dort aufräumen und entrümpeln. Jeder, der schon mal im Keller groß reinegemacht und dabei in den Ecken die eine oder andere tote Maus gefunden und beseitigt hat, weiß, dass es schönere Beschäftigungen gibt. Insbesondere die Kindheit gilt in der Tiefenpsychologie als wegweisend für die Entwicklung unserer Persönlichkeit und als Quelle psychischer Probleme. Ist Ihnen schon mal ein »Freudscher Versprecher« herausgerutscht? Dann hat Ihnen da womöglich das Unterbewusstsein einen Streich gespielt. Angeblich ist so ein Moment nämlich der Augenblick, in dem die wahre Gesinnung zutage tritt.

Ich, Es und Über-Ich: Mit Freud auf die Couch

Die Beschäftigung mit dem Unbewussten brachte den Begründer der Tiefenpsychologie, den österreichischen Neurologen und Psychiater Sigmund Freud (1856 bis 1939), zur Entwicklung der »psychoanalytischen Psychotherapie«, kurz Psychoanalyse. Seiner Theorie zufolge besteht die Psyche aus den Instanzen Es, Ich und Über-

Ich. Das Es macht sich die Welt gern, wie sie ihm gefällt: Es pocht auf sofortige Erfüllung unserer Triebe, zum Beispiel der Libido (Sexualtrieb), des Eros (Lebenstrieb) und seines Gegenspielers, des Thanatos (Todestrieb). Essen? Jetzt! Schlafen? Jetzt! Sex? Jetzt! Direkte Wunscherfüllung funktioniert aber nicht, ohne irgendwann mit der Waage, dem Chef oder dem Gesetz in Konflikt zu kommen. Damit das Es sich nicht rücksichtslos durchsetzt, haben wir unser Ich, das sich äußerer Einschränkungen bewusst ist. Das Ich versucht, dem Es seinen Willen zu erfüllen, jedoch ohne Porzellan zu zerschlagen. Sie möchten während eines Meetings am liebsten den Kopf auf den Schreibtisch legen? Das Ich versteht diesen Wunsch, vertröstet aber auf später. Und dann ist da noch das Über-Ich, welches seinerseits das Ich kontrolliert. Es verkörpert die kritische Elternstimme und moralische Normen. Dem Konferenznickerchen gegenüber hebt es mahnend den Zeigefinger: Während der Arbeit schlafen gehört sich nicht!

Dass diese inneren Kräfte sich untereinander oft nicht grün sind, liegt auf der Hand. Für Freud galten solche unbewusst ablaufenden Konflikte als Wurzel allen psychischen Übels, von denen er die Menschen per Psychoanalyse befreien wollte. Hierzu nahmen die Patienten liegend auf seiner Couch Platz. Durch Gespräche, Traumdeutung und freies Assoziieren (»Was fällt Ihnen als

Erstes zum Wort Mutter ein?«) versuchte Freud, seinen Patienten den Zugang zu Verdrängtem zu ermöglichen.

Komplexe Komplexe: Adler und das Selbstwertgefühl

Eines der ersten Mitglieder der von Sigmund Freud 1908 gegründeten »Psychoanalytischen Vereinigung« war Alfred Adler (1870–1937). Der promovierte Wiener Mediziner arbeitete zunächst als Augen- und Allgemeinarzt, bis er feststellte, dass er zahlreiche physische Probleme seiner Patienten mit klassischen medizinischen Mitteln nicht erfolgreich behandeln konnte. Als einer der Pioniere der Psychosomatik absolvierte er daraufhin ein Studium der Psychiatrie und schloss sich Freud an – bis er als Erster die Vereinigung 1911 im Streit mit dem Godfather der Psychoanalyse verließ.

Warum? Adler vertrat die Ansicht, dass soziale Einflüsse für unser Seelenleben mindestens so prägend sind wie unbewusste Triebe, und begründete deshalb die »Individualpsychologie«. Im Geltungsstreben sah er eine gravierende Triebfeder: Laut Adler muss sich ein Kind zwangsläufig unterlegen fühlen, da es ständig von größeren, stärkeren Menschen mit mehr Wissen umgeben ist. Dies motiviert den Nachwuchs meist dazu, Ehrgeiz zu entwickeln und den Erwachsenen nachzueifern. Erfolgserlebnisse lösen die sozusagen in die Wiege gelegten Gefühle von Minderwertigkeit nach und nach auf und Selbstvertrauen entwickelt sich – wenn alles glattläuft. Eine unausgeglichene Persönlichkeit hingegen »wächst« psychisch nicht an Herausforderungen, sondern verzagt – ein chronischer »Minderwertigkeitskomplex« kann daraus resultieren. Als »minderwertig« empfinden wir uns laut Adler auch, wenn bestimmte Bereiche des Körpers eingeschränkt sind. Wer davon betroffen ist, gleicht dieses Defizit unter anderem dadurch aus, dass er andere Bereiche besonders trainiert. Diese Kompensation übertrug Adler auf die Psyche: Wer sich minderwertig fühlt, kompensiert dies zum Beispiel durch übergroßes Machtstreben. Beispiele hierfür finden Sie vielleicht im Kollegenkreis ...

Unbewusste Archetypen: Jung und die angeborenen Erinnerungen

Für Carl Gustav Jung (1875–1961) kam es 1913 zum Bruch der Freundschaft, die ihn bis dahin mit Freud verbunden hatte: Es gab unüberbrückbare Differenzen hinsichtlich der Vorstellung vom Unbewussten. Denn Jung entdeckte, dass sich die Mythen und Symbole der verschiedensten Kulturen seit Jahrtausenden stark ähneln, und schloss daraus, dass diese sozusagen das Ergebnis der Erfahrungen aller Menschen darstellen. Derartige Erinnerungen, das »Menschengedächtnis«, würden im kollektiven Unbewussten gespeichert, das also nicht von persönlichen Erlebnissen und Erfahrungen gespeist, sondern angeboren ist. Ein Erbe, das sich dem Schweizer Psychoanalytiker zufolge zum Beispiel in den in unserer Psyche angelegten Schablonen, den sogenannten Archetypen, zeigt. Für C. G. Jung unterteilte sich die Psyche in drei Komponenten: Das Ich, unser Selbst, beinhaltet das Bewusstsein; das persönliche Unbewusste steht für unsere individuellen Erfahrungen, und im kollektiven Unbewussten sind die zahlreichen Archetypen abgebildet, die uns als ererbte Vorstellungs- und Handlungsmuster dienen.

Den Archetyp, den wir unseren Mitmenschen präsentieren – Jung begriff sehr früh, dass wir andere immer nur an einem Aspekt unserer Persönlichkeit teilhaben lassen –, nannte er »Persona«. Sie ist eine Art Dr. Jekyll, zu der es auch stets das »böse« Gegenstück, so etwas wie einen Mr Hyde, gibt. Diese dunklen Seiten in uns bezeichnete der Wissenschaftler als »Schatten«. Zudem ruht in jedem von uns der geschlechtliche Gegenpol, der uns helfen soll, das andere Geschlecht zu verstehen. Das wahre Selbst ist der wohl wichtigste Archetyp: Es strebt Aufklärung, Weisheit und Wahrheit an, indem es versucht, die verschiedenen Strukturen der Persönlichkeit zu einem vollständigen Ganzen zusammenzupuzzeln. Diesen Zustand nannte Jung »Selbstverwirklichung«.

Das Über-Ich als verinnerlichter Elternteil: Die Theorien von Freud-Tochter Anna

Anna (1895–1982), die jüngste der sechs Freud-Kinder, buhlte lange um die Gunst ihres Vaters. Irgendwann wurde sie nicht nur zum Augenstern und Pflegerin des Schwerkranken: Zunächst Volksschullehrerin, trat Anna in Sigmunds große Fußstapfen. Und es sollte ihr gelingen, diese nicht nur auszufüllen, sondern neue Spuren in der Welt der Psychoanalyse zu hinterlassen. Sie beschäftigte sich mit der väterlichen Theorie des Über-Ichs und stellte fest, dass diese moralisch-elterliche Instanz vor allem dann in Erscheinung tritt, wenn der mahnende Zeigefinger mit Gefühlen von Scham und Schuld das Ich unterzubuttern droht. Die kritische Stimme des Über-Ichs bringt uns ihrer Theorie nach dazu, uns selbst zu verurteilen, und löst Ängste aus, die das Ich mit Abwehrmechanismen wie Verdrängung und Verleugnung zu kontrollieren versucht. Anna Freud gilt zudem als Pionierin der Kinderanalyse: Sie eröffnete nach ihrer Flucht 1938 von Wien nach London dort mit ihrer Freundin, der Amerikanerin Dorothy Burlingham, ein Pflegeheim für Kriegskinder. Das später als Lehrinstitut fungierende Haus existiert heute noch (»Anna Freud Centre«) – und noch immer wird diskutiert, ob die beiden Frauen mehr als bloße Freundschaft verband, was sie stets bestritten.

Anna Freud beschäftigte sich beruflich aber auch mit Erwachsenen: Ihre berühmteste Patientin war der Hollywoodstar Marilyn Monroe. Der bescheinigte sie eine »zutiefst unsichere Persönlichkeit, paranoid mit schizophrenen Einschüben« und daraus resultierend »Selbstmordgefährdung in höchstem Maße«. Norma Jeane Baker, wie die Schauspielerin mit bürgerlichem Namen hieß, starb wenige Jahre später an einer Überdosis Schlafmittel. Ob es nun der von Anna Freud prognostizierte Suizid war oder ein Unfall, konnte nie geklärt werden.

Produktive beziehungsweise nichtproduktive Persönlichkeiten: Fromm und die Liebe

Der Neopsychoanalytiker, der Bücher wie *Die Kunst des Liebens* (1956) verfasste, wurde von der Öffentlichkeit weit mehr gefeiert als von der akademischen Fachwelt. Für Erich Fromm (1900–1980) galt als Ziel des Daseins, »Liebe zum Leben« zu entwickeln. Die intellektuellen Fähigkeiten des Menschen führen seiner Ansicht nach dazu, dass wir uns ständig der eigenen wie der Sterblichkeit derer, die wir lieben, bewusst sind. Durch kreatives Schaffen und die Fähigkeit zu lieben gelangen wir ihm zufolge zu seelischer Gesundheit und überwinden Einsamkeit und Verzweiflung. Nach Fromms Vorstellung hat die Liebe nichts mit Romantik zu tun. Unabhängigkeit und das Bewahren der Individualität seien die Basis der Liebe, nicht Verschmelzung. Fromm beschrieb sechs unterschiedliche Persönlichkeitstypen, nichtproduktive und produktive:

Der rezeptive Charakter ist passiv und nimmt eine ihm zugewiesene Rolle an. Dies kann Opferverhalten hervorrufen; zu den positiven Fähigkeiten gehören Hingabe und Akzeptanz. Der ausbeuterische Charakter bereichert sich aggressiv an anderen. Ausgeprägtes Selbstbewusstsein und Mut zur Initiative sind die Pluspunkte. Der hortende Charakter strebt nach dem Besitz von Werten und ist machthungrig. Ökonomisches Denken zeichnet diese Persönlichkeit aus. Der Marketingcharakter setzt bei allem auf Statusdenken. Die Verkäufermentalität kann zu Opportunismus führen, aber auch zu hoher Motivation und Zielstrebigkeit.
Der nekrophile Charakter basiert auf Zerstörung; Furcht vor der Unkontrollierbarkeit des Lebens macht diese Menschen zu Pessimisten und Neinsagern.
Der produktive Charakter entspricht dem Ideal Fromms: Er nennt ihn »Mensch ohne Maske«, der andere liebt, wie sie sind, und dem Leben mit Offenheit, Lernwillen, Vernunft und Gemeinschaftsdenken begegnet.

Tiefenpsychologie heute: Stand der Dinge

Sigmund Freud ist seit knapp 80 Jahren tot – wie sieht's mit der Psychoanalyse aus? Tatsächlich gibt es bis heute viele Menschen, die sich auf das Abenteuer dieser Therapieform einlassen und im Unbewussten nach den Gründen für ihre psychischen Probleme suchen. Allerdings ist fast nichts mehr so wie zu Zeiten von Freud. Viele seiner Konzepte wie der Ödipuskomplex oder der angeblich jedem Menschen innewohnende Todestrieb werden schon lange sehr kritisch gesehen.

Zahlreiche Vertreter der Tiefenpsychologie entwickelten daher im Laufe der Jahrzehnte alternative Konzepte zu Freuds Theorien, sodass die Therapie in den Siebziger- und Achtzigerjahren ihre Blütezeit erlebte. Die »große Psychoanalyse« hingegen verlor immer stärker an Einfluss: Das aufwendige und zeitintensive analytische Verfahren hat noch treue Anhänger, doch gibt es wenige Studien, die einen Erfolg belegen können. Zwar wiesen mehrere Untersuchungen Ende des 20. Jahrhunderts positive Effekte der Therapie nach. Kritiker führen jedoch regelmäßig an, dass Psychoanalyse im Verhältnis zu den immensen Kosten einen deutlich größeren Nutzen für die Patienten haben müsse als andere Therapieformen. Diesen Nachweis sind Freuds Erben bislang schuldig geblieben. Vermutlich wird deshalb die Bedeutung der berühmten Couch zukünftig – auch aufgrund des finanziellen Aspekts – weiter sinken: Eine schnellere und günstigere Alternative stellt die seit Jahren praktizierte »tiefenpsychologisch fundierte Psychotherapie« dar. Hierbei sitzen sich Therapeut und Klient von Angesicht zu Angesicht gegenüber.

Wer noch einen Blick auf das historische Möbel werfen möchte, kann dies im Londoner Freud-Museum tun – das gemütliche Stück scheint wirklich zum Plaudern einzuladen.

BEHAVIORISMUS

Schnellcheck: Was ist das?

»Behavior« ist das englische Wort für Verhalten – und mit genau dieser Thematik setzten sich Behavioristen auseinander. Das Verhalten des Menschen stand bei dieser Richtung im Vordergrund, da es von außen erkenn- und somit messbar ist. Das Bewusstsein beziehungsweise unser Gehirn stellte aus behavioristischer Sicht lediglich eine »Blackbox« dar, deren Vorgänge nicht ersichtlich und daher wissenschaftlich uninteressant waren. Der Fokus der Forschung lag hier auf Reizen, die von außen als »Input« auf die schwarze Kiste einwirken und einen »Output«, also eine Reaktion, hervorrufen.

Die Introspektion, für Tiefenpsychologen eines der wichtigsten Instrumente, sahen eine Reihe von Wissenschaftlern bereits zum Ende des 19. Jahrhunderts – und damit zum Start der Psychologie als akademische Disziplin – kritisch. Sie führten an, dass die Selbstbeobachtung als ernsthafte naturwissenschaftliche Untersuchungsmethode nie anerkannt werden könne, da sie rein subjektiv sei. Demzufolge sei es auch nicht möglich, auf Introspektion basierende Theorien zu beweisen oder zu widerlegen. Eine Wissenschaft, die die Psychologie darstellen wolle, müsse messbare Ergebnisse durch »objektive Methoden« ermöglichen, forderten die Gegner der Psychoanalyse.

Zudem galt lange als vorherrschende Meinung unter Behavioristen, dass angeborene Faktoren für das, was wir tun, keine Rolle spielen: Menschliches Verhalten wurde ihrer Ansicht nach lediglich durch Umweltreize gesteuert. Diese Einstellung änderte sich später jedoch radikal, als verschiedene Vertreter der Strömung auch genetische Einflüsse als verhaltensbildend akzeptierten. Die »kognitive Wende« Mitte des 20. Jahrhunderts läutete dann eine völlig neue Phase ein, in der die vorher verschmähten Bewusstseinsprozesse verstärkt ins Zentrum der Forschung rückten.

Wenn der Hund beim Klingeln sabbert: Konditionierung nach Pawlow

Iwan Pawlow (1849–1936) tanzt ein wenig aus der Reihe, denn er war Professor für Experimentelle Medizin und somit ein Physiologe. Doch seine Forschungen über den Speichelfluss von Hunden und auch seine Methodik sollten zu entscheidenden Faktoren für die naturwissenschaftlich ausgerichtete Psychologie, insbesondere für amerikanische Behavioristen werden.

Pawlow untersuchte seine vierbeinigen Probanden bei der Fütterung und stellte fest, dass sich der Speichelfluss nicht nur beim Anblick des gefüllten Napfes, des »unbedingten Reizes« (»unconditioned stimulus«, US), verstärkt, sondern schon beim Anblick des Tierpflegers, der die Mahlzeit regelmäßig bringt. Der russische Wissenschaftler vermutete einen Zusammenhang und betätigte über längere Zeit stets ein Metronom, bevor die Hunde ihr Futter erhielten. Das Ergebnis: Alleiniges Ticken des Instruments reichte aus, um den Vierbeinern das Wasser in der Schnauze zusammenlaufen zu lassen. Pawlow ersetzte das Metronom in späteren Versuchen durch das bekannte Glöckchen, durch Lichtzeichen und Pfeiftöne. Immer mit der gleichen Erkenntnis: Die Hunde assoziierten mit dem Geräusch ihr Fressen und reagierten auf diesen »bedingten Reiz« (»conditioned stimulus«, CS) mit erhöhter Speichelsekretion. Während die Spuckeproduktion beim Anblick des Futters einen nicht erlernten Reflex (»unconditioned reaction«, UR) darstellte, war die Speichelabsonderung bei Metronom, Glocke und Pfeifton eine »konditionierte«, also erlernte Reaktion (»conditioned reaction«, CR).

Im weiteren Verlauf seiner Forschungen, die Pawlow auch im Ruhestand noch fortsetzte, wies er nach, dass eine konditionierte Reaktion auch wieder verlernt werden kann: Er klingelte einfach wiederholt mit der Glocke, ohne die Tiere zu füttern, sodass der erlernte Speichelreflex schließlich nachließ.

Erfolg führt zur Wiederholung: Thorndikes Gesetz der Wirkung

Der Psychologe Edward Thorndike (1874–1949) erforschte das Verhalten von Tieren im Rahmen seiner Doktorarbeit ähnlich wie Pawlow. Statt auf Hunde setzte der Amerikaner auf Katzen: Er sperrte die Tiere hungrig in Käfige ein und platzierte davor Leckereien. Diese sollten als Anreiz dienen, dem Gefängnis zu entkommen. Erwartungsgemäß gebärdeten sich die Katzen wie wild und versuchten sich irgendwie aus der Box zu befreien. Die war mit mehreren Hebeln, Knöpfen und anderen Vorrichtungen ausgestattet, von denen jedoch nur eine die Kiste bei Betätigung öffnete.

Thorndike stellte fest, dass alle Tiere den richtigen Mechanismus zufällig entdeckten. Wurden sie jedoch erneut in die Käfige gesperrt, benötigten sie weniger Versuche bis zum erfolgreichen Entkommen: Die Katzen hatten gelernt, welcher Hebel zum Gewünschten – Flucht und

Futter – führte. Thorndike folgerte daraus sein »Gesetz der Wirkung« (»law of effect«), das besagt, dass zum Erfolg führende, »belohnte« Reaktionen auf einen Reiz vermutlich in der Zukunft wiederholt werden, wohingegen solche, die ein unbefriedigendes Ergebnis zur Folge haben, seltener auftreten oder ausbleiben. Lernen, so Thorndikes Theorie, gelingt Tieren durch Ausprobieren, nicht durch Erkenntnis. Folgt auf einen Reiz eine Reaktion, die Befriedigung erzeugt, so entsteht eine neuronale Verknüpfung im Gehirn. Je größer die Intelligenz, desto besser kann ein Lebewesen laut Thorndike solche Verbindungen herstellen.

Um menschliche Intelligenz zu messen, entwickelte er den CAVD-Test. C steht für »completion« (»Ergänzung«), A für »arithmetical problems« (»rechnerische Fähigkeiten«), V für »vocabulary« (»Wortschatz«) und D für »directions« (»Denkaufgaben«). Der Test, der sowohl mechanische, kreative als auch soziale Intelligenz überprüft, gilt als Prototyp moderner Intelligenztests.

Das Fürchten lehren: Erziehung à la Watson

Trotz der Erkenntnisse seiner Vorreiter gilt der Psychologe John Broadus Watson (1878–1958) als Gründervater des Behaviorismus. Forschungen mit Tieren reichten dem umstrittenen Wissenschaftler nicht: Sein Experiment mit dem neun Monate alten Baby »Little Albert« sollte zeigen, ob ein gesundes Kleinkind so konditioniert werden kann, dass es mit Furcht auf den Kontakt zu einem harmlosen Objekt reagiert. Hierfür wurden dem Kind mehrere Tiere, unter anderem eine weiße Ratte, sowie nicht lebende Gegenstände präsentiert. Albert zeigte keine Angst. Bei einem weiteren Versuch unter gleichen Bedingungen schlug Watson mit einem Hammer auf eine Eisenstange. Der Junge brach vor Schreck über den Krach in Tränen aus: Watson hatte einen unbedingten Reiz gefunden, den das Kind mit einer unkonditionierten Reaktion – dem Weinen – beantwortete.

Beim Hauptversuch verband der Psychologe den angstauslösenden Lärm mit dem Zeigen der weißen Ratte. Mehrmals wurde der Vorgang, den Albert stets mit Schreien quittierte, wiederholt. Schließlich reichte schon der Anblick des weißen Tieres, um ihn in Angst zu versetzen, auch wenn der Krach ausblieb. Watson präsentierte dem Jungen daraufhin andere weiße pelzige Objekte, auf die er ebenso furchtsam reagierte – Albert war konditioniert. Mindestens einen Monat lang hielt die Wirkung an; für wie lange, ließ sich nicht mehr kontrollieren, da der Kleine von seiner Mutter abgeholt wurde. Watson, der aufgrund einer Affäre mit seiner Mitarbeiterin Rosalie Rayner seine Professur niederlegen musste, wechselte erfolgreich in die Werbung. Fortan waren die eigenen

Kinder seine Forschungsobjekte. Die Mängel seiner emotionslos-distanzierten Erziehung und daraus resultierende Defizite der Kinder prangerte Mutter Rayner später in einem kritischen Artikel im *Parents' Magazine* an.

Operantes Konditionieren: Skinners gereizte Ratten

Burrhus Frederic Skinner (1904–1990), der wohl bekannteste Behaviorist, strebte zwar als junger Mann eine Schriftstellerkarriere an, lehnte jedoch den theoretisch-philosophischen Ansatz der Psychologie ab. Seine Fixierung auf naturwissenschaftliche Aspekte brachte Skinner dazu, diverse Apparate zu konstruieren, die eine genaue Beobachtung und Kontrolle der Umgebung seiner Versuchstiere ermöglichten.

Ein berühmtes Beispiel ist die heute noch relevante Skinner-Box, die er für Experimente mit Ratten benutzte. Betätigten die dort eingesperrten Tiere einen Hebel innerhalb der Kiste, rollten Futterkügelchen hinein. Diese Erfahrung brachte die Ratten dazu, den Hebel immer häufiger und zielgerichtet zu drücken. Die Leckerlis erfüllten die Funktion »positiver Verstärker«, die die Ratten dazu motivierten, ihre einst zufällige Handlung erneut vorzunehmen. Mit diesem Experiment demonstrierte Skinner seine Theorie des »operanten Konditionierens«. Sie unterschied sich von der klassischen Konditionierung nach Pawlow dadurch, dass das Lebewesen eine spontane Handlung – »Operation« – in seiner Umgebung vornahm und keine durch einen bestimmten Reiz ausgelöste. Die positive Konsequenz ihrer Tätigkeit des Hebelns, das ausgeworfene Futter, bewog die Tiere dazu, die Handlung zu wiederholen. Vergleichstiere, die auf die Betätigung des Hebels hin kein oder nur unregelmäßig Essen erhielten, zeigten dieses Verhalten nicht.

Der Erfolg positiver Verstärkung und der Zweifel an den Lehrmethoden, mit denen seine Kinder in den Fünfzigerjahren unterrichtet wurden, brachten Skinner dazu, eine »Lehrmaschine« zu erfinden. Diese motivierte die Schüler nach jeder richtig beantworteten Frage mit Lob und brachte sie so zum Weiterlernen. Heute erlebt diese Technik eine Renaissance, zum Beispiel bei Computerprogrammen zum Erlernen von Fremdsprachen.

Reziproke Hemmung:
Angst verlernen mit Wolpe

Der in Südafrika geborene Psychiater Joseph Wolpe (1915–1997) gehört zu den Wegbereitern der Verhaltenstherapie und entwickelte den Behaviorismus entscheidend weiter. Ausgangspunkt seiner innovativen Methoden stellte die Arbeit mit Soldaten dar, die unter einer

»Kriegsneurose«, heute posttraumatische Belastungsstörung, litten. Wolpe bemerkte, dass die Introspektion der Tiefenpsychologie sich nicht dazu eignete, Ängste und Flashbacks der Kriegsheimkehrer des Zweiten Weltkriegs zu stoppen: Trotz langwieriger Behandlungen ließen diese Probleme nicht nach.

Der ausgebildete Psychotherapeut, der die Versuche von Pawlow und Watson kannte, stellte folgende Theorie auf: Wenn es möglich ist, eine emotionale Reaktion auf ein Objekt oder eine Situation zu »erlernen«, muss auch das Gegenteil möglich sein, also das »Verlernen« eines Gefühls. Wolpe erkannte, dass ein Mensch nicht gleichzeitig zwei gegensätzliche Gefühlszustände erleben kann wie etwa tiefe Entspannung und große Angst. Also brachte er seinen Klienten zunächst Techniken zur Muskelentspannung bei; hatten diese erfolgreich einen entspannten Zustand erreicht, konfrontierte er sie mit den individuellen Angstauslösern. Die Methode wurde als »reziproke Hemmung« (wechselseitige Hemmung) bekannt.

In einem Kleinschrittverfahren, Wolpes systematischem Desensibilisierungsprogramm, motivierte er die Probanden immer wieder, sich die Situationen oder Gegenstände vorzustellen, die die Ängste auslösten. Verspürten die Patienten Furcht, ordnete der Experte sofort an, die Visualisierung zu stoppen und sich stattdessen zu entspannen. Diese Technik führte nach und nach dazu, dass seine Patienten ihre Ängste verloren, indem diese gehemmt beziehungsweise verlernt wurden. Und das deutlich schneller und effektiver als in der Psychoanalyse.

Behaviorismus heute: Stand der Dinge

Während der Behaviorismus in Deutschland, ganz im Gegensatz zu den USA, lange eine untergeordnete Rolle spielte, wurde er nach dem Zweiten Weltkrieg auch bei uns recht populär. Das hing unter anderem damit zusammen, dass viele führende deutschsprachige, analytisch orientierte Psychologen Juden waren und während der Nazizeit verfolgt wurden oder emigrierten. Psychologie verschwand also buchstäblich von der Bildfläche; die Wissenschaft lag mehr oder weniger brach. Entsprechend groß war nach dem Krieg das Interesse an psychologischen Büchern und Koryphäen aus dem Ausland. So hielt der Behaviorismus, der in Amerika stets eine deutlich größere Bedeutung zum Beispiel für den Erziehungsstil hatte als die hinterfragende Psychoanalyse, auch hierzulande Einzug.

Allerdings konnte die Strömung, die das Gehirn als reine Blackbox sah und innere Prozesse für das wissenschaftliche Interesse völlig ausblenden wollte, zunehmend mehr Fragen nicht beantworten. Auch reichte die Technik der Konditionierung als Mittel zur Verhaltensformung und -korrektur nicht mehr aus. Das Interesse daran, was hinter menschlichen Stirnen passiert, wuchs stetig und läutete die »kognitive Wende« ein. Sie beschreibt einen gedanklichen Richtungswechsel vom reinen Behaviorismus hin zur Kognitionspsychologie, die sich nicht nur auf das Verhalten bezieht, sondern sich damit beschäftigt, wie wir Informationen verarbeiten.

Dennoch ist der Behaviorismus nicht völlig aus dem psychologischen Rennen: In der heutigen Verhaltenstherapie, etwa zur Behandlung von Phobien (Ängsten), wird die Technik des Konditionierens noch immer erfolgreich in abgewandelter Form angewendet. So macht sie manchem die Existenz und Gegenwart von Spinnen erträglich oder die Flugreise in die Karibik möglich, wenn Rügen, Sylt und Co. als Urlaubsziel nicht mehr locken.

KOGNITIVISMUS

Schnellcheck: Was ist das?

Während in der ersten Hälfte des 20. Jahrhunderts noch Tiefenpsychologie und Behaviorismus dominierten, gelangten die Wahrnehmung und andere mentale Prozesse ab den Sechzigerjahren immer mehr in den Fokus des psychologischen Interesses. Es kam schließlich zur kognitiven Wende, mit eingeläutet durch die verheerende Kritik des berühmten US-Sprachwissenschaftlers Noam Chomsky an Skinners Buch *Verbal Behavior*. Die kognitive Wende zeigte die Grenzen des orthodoxen Behaviorismus auf und machte die Erforderlichkeit einer wissenschaftlichen Theorie über den Menschen als informationsverarbeitenden Organismus deutlich. Die Gestaltpsychologie hatte schon Jahrzehnte zuvor die Voraussetzungen geschaffen für die Erforschung psychischer Vorgänge bei der Informationsverarbeitung. Neue Erkenntnisse der Neurowissenschaftler über Gehirnfunktionen und Nervensystem ebneten jetzt den Weg für die – den Kognitionswissenschaften zuzuordnenden – Kognitionspsychologie. Diese beschäftigt sich mit kognitiven (aus dem Lateinischen »cognoscere«, heißt so viel wie »erkennen« beziehungsweise »erfahren«) psychischen Mechanismen des Denkens. Kognitiv bedeutet aber nicht einfach nur »gedacht«, sondern beinhaltet bewusste wie auch unbewusste mentale Vorgänge, die zur Verarbeitung von Informationen dienen.

Ein Kognitionspsychologe interessiert sich somit für das, was die Behavioristen ausblendeten: die nicht sichtbaren Vorgänge in der »Blackbox« Gehirn. Wie sieht der Zwischenschritt zwischen äußerlichem Reiz und dem daraus resultierenden Verhalten und Handeln aus? Wie nehmen wir Informationen auf, wie speichern wir sie – und wie nutzen wir sie zur Problemlösung und für Entscheidungsprozesse? Welche Rolle spielen situative und emotionale Einflüsse? Diesen spannenden Fragen widmeten sich erkenntnisreich die nachfolgenden Forscher.

Gesetze der Wahrnehmung: Max Wertheimers Sehen von Bewegung

Der tschechische Professor für Psychologie (1880–1943) und gute Freund Albert Einsteins gilt als Begründer der Gestaltpsychologie beziehungsweise Gestalttheorie. Sie beschreibt die Wahrnehmung eines Menschen, die Fähigkeit, bestimmte Anordnungen und Strukturen als

Sinneseindruck zu begreifen. Wertheimer und seine Kollegen Wolfgang Köhler und Kurt Koffka initiierten die sogenannte Berliner Schule der Gestaltpsychologie, die aufgrund vielfältiger experimenteller Forschungen bekannt wurde und auch heute noch von Relevanz ist.

Max Wertheimer formulierte sechs Gesetze zur Objektwahrnehmung:

1. Gesetz der Nähe: Es besagt, dass gleiche Elemente mit geringen Abständen als zusammengehörig angesehen werden.

2. Gesetz der Ähnlichkeit: Diese Regel drückt aus, dass wir zum Beispiel in Form und/oder Farbe ähnlich aussehende Elemente eher als zusammengehörig empfinden als sich weniger ähnelnde.

3. Gesetz der guten Gestalt: Es meint, dass wir Elemente, die einer einfachen und einprägsamen Struktur folgen, rascher wahrnehmen.

4. Gesetz der guten Fortsetzung: Kreuzen sich zwei Linien, sehen wir diese als jeweils durchlaufend an und nicht etwa als zwei V-förmige Gebilde, die aufeinandertreffen.

5. Gesetz der Geschlossenheit: Die Bedeutung liegt darin, dass wir abgeschlossene, zum Beispiel geometrische Anordnungen gegenüber offenen bevorzugt wahrnehmen.

6. Gesetz des gemeinsamen Schicksals: Ähnliche Elemente, die sich gleichzeitig in eine Richtung zu bewegen scheinen, werden als Einheit erfasst.

Apropos Bewegung: Max Wertheimer ist auch der erste Beschreiber des Phi-Phänomens. Diese Wahrnehmungstäuschung lässt uns Bewegung sehen, die durch eine Abfolge von Standbildern erzeugt wird. Beispiel: Blinken im Kreis angeordnete Lichter hintereinander, nehmen wir diese nicht als getrennte Leuchten wahr, sondern als ein sich bewegendes Element.

Wenn Schimpansen Bananen wollen: Lernen durch Einsicht mit Wolfgang Köhler

Wertheimers zeitweiliger Weggefährte und Mitbegründer der Gestaltpsychologie Wolfgang Köhler (1887–1967) schuf seine herausragende Arbeit während des Ersten Weltkriegs als Direktor einer Anthropoidenforschungsstation (Affen) auf der Kanarischen Insel Teneriffa. Er untersuchte dort unter anderem die Lernprozesse von neun Schimpansen, die ihn in seiner Theorie über das Lernen als dynamisches Verhaltensmodell bestätigten.

Präsentierten Köhler oder die Tierpfleger den Primaten Bananen in Sicht-, aber nicht in unmittelbarer Reichweite, unternahmen die Tiere einige vergebliche Versuche, um an die Früchte zu gelangen. Schließlich gaben die Affen ihre Bemühungen auf, stellten sie aber nur kurzfristig ein – augenscheinlich, um die Situation genauer zu betrachten und nach einer gewissen Zeit des »Nachdenkens« einen neuen Vorstoß zu wagen. Um an ihr Ziel, die Bananen, zu kommen, setzten die Tiere Werkzeuge wie zum Beispiel Äste zum Angeln und Kisten zum Hochklettern ein – und das erfolgreich.

Eine Weile später erneut vor das Bananenproblem gestellt, versuchten die Schimpansen erst gar nicht, ohne Hilfsmittel zum Erfolg zu kommen, sondern wendeten sofort zielgerichtet die erprobten Methoden an. Köhler schlussfolgerte daraus, dass die Affen durch Einsicht, den sogenannten Aha-Effekt, lernten und nicht etwa, wie von den Behavioristen propagiert, durch Versuch und Irrtum sowie positive Verstärkung.

Für den Wissenschaftler war dies der Beweis, dass Lernen durch Einsicht eine aktive mentale Verarbeitung darstellt. Diese bleibt für Außenstehende zwar »unsichtbar«, belegt aber klar, dass das lernende Wesen sich seine Umwelt erschließt und dynamisch darin handelt. Ist die Lösung eines Problems einmal durch Einsicht erlernt worden, kann sie demzufolge immer wieder ohne weitere Probeversuche angewendet werden.

Die Wahrnehmung verändern: Realitätsüberprüfung mit Aaron Beck

Der ausgebildete Psychoanalytiker Aaron T. Beck, 1921 geboren, hatte schon bald Zweifel am Nutzen jahrelanger tiefenpsychologischer Therapie. Er beschäftigte sich bei seiner Forschung insbesondere mit dem Krankheitsbild der Depression und bemerkte, dass nur wenige Patienten von der aufwendigen Methode profitierten. Zugleich machte er die Erfahrung, dass Kritik an der Psychoanalyse bei seinen Kollegen nicht gut ankam. Einerseits frustriert über deren stures und dogmatisches Verhalten, das die Analyse als einzigen möglichen »Glauben« anerkannte, andererseits unzufrieden mit den therapeutischen Ergebnissen der Methode, wandte er sich schließlich von der Psychoanalyse ab.

Beck begriff durch seine intensive Arbeit mit depressiven Menschen, dass deren negative Vorstellungen und Gedanken nicht nur Symptome der Erkrankung, sondern auch den Schlüssel zur Zustandsbesserung darstellten.

Statt konventioneller Psychoanalyse versuchte er, seinen Patienten deren negativ verzerrte Wahrnehmung der Realität vor Augen zu führen, und formulierte dafür »depressogene Grundannahmen«, also Einstellungen, die die Entwicklung einer Depression begünstigen (zum Beispiel »Um glücklich zu sein, muss ich bei allem, was ich tue, Erfolg haben« oder »Wenn ich Fehler mache, bedeutet das, dass ich unfähig bin«).

Beck rief mit seinen Erkenntnissen die Kognitive Verhaltenstherapie ins Leben, deren Ziel es ist, solch »dysfunktionale Kognitionen« aufzudecken, sich bewusst zu machen und durch Umstrukturierung abzulegen beziehungsweise »funktionale Überzeugungen« zu entwickeln. Gute und schnelle Therapieerfolge bei seinen Klienten gaben dem Wissenschaftler recht: Die Methode wird bis heute erfolgreich zur Behandlung von Depressionen, aber auch bei Suchterkrankungen, Partnerschaftsproblemen und Ängsten eingesetzt.

»Von außen geleitete Halluzinationen«: Shepards Erkenntnisse zur Wahrnehmung

Der kalifornische Kognitionspsychologe Roger Newland Shepard (geboren 1929) gab der Welt in den Siebzigerjahren ein Bilderrätsel auf, das bis heute verblüfft und die Fähigkeiten unserer mentalen Vorstellungskraft verdeutlicht. Schon seine 1964 vorgestellte Shepard-Skala beziehungsweise Shepard-Tonleiter sorgte für erhebliche Irritationen: Sie ist eine akustische Täuschung, die dem Hörer anhand von Sinustönen vorgaukelt, es handele sich um eine ständig ansteigende oder abfallende Tonhöhe, die niemals die Grenze unseres Hörvermögens erreicht.

Das später veröffentliche Bilderrätsel hingegen war eine optische Herausforderung: Abgebildet wurden zwei Tische aus unterschiedlicher Perspektive. Shepard forderte seine Probanden auf zu beurteilen, ob die völlig unterschiedlich geformt wirkenden Möbelstücke die gleiche Größe haben – was tatsächlich der Realität entsprach. Die Feststellung der Versuchspersonen, dass die Tische von kongruenter Gestalt waren, wertete Shepard als Beweis dafür, dass das menschliche Gehirn zu einer »mentalen Rotation« in der Lage ist: Wir können ein Objekt in unserer Vorstellung drehen. Allerdings ist diese Eigenschaft nicht bei jedem gleich ausgeprägt; Männer sind hierbei im Vorteil. Tests belegten zudem, dass Studenten der Naturwissenschaften eher dazu fähig sind als angehende Geisteswissenschaftler. Mentale Rotation kann aber trainiert werden.

Anhand weiterer optischer und akustischer Sinnestäuschungen demonstrierte Roger N. Shepard, dass unser Gehirn Daten von außen nicht einfach nur registriert, sondern durch Wissen und Abgleich mit der jeweiligen Situation dem Rahmen anpasst und dabei – unter Umständen – fehlinterpretiert. Wahrnehmung erklärte der Wissenschaftler, der als Begründer der Erforschung räumlicher Phänomene gilt, daher als »von außen geleitete Halluzination«.

Mentale Manipulation der Vergangenheit: Loftus' falsche Erinnerungen

Das menschliche Gedächtnis ist ein Wunderwerk – aber nicht unfehlbar, wie die amerikanische Mathematikerin und Psychologin Elizabeth Loftus (geboren 1944) eindrucksvoll bewies. Ihre Forschungen hatten schon in den Siebzigerjahren deutlich gemacht, dass menschliche Erinnerungen keine feste Größe sind, sondern zum Beispiel durch Suggestion beeinflusst sein können. Sie zeigte Versuchspersonen etwa Videoaufnahmen eines Verkehrsunfalls und befragte sie anschließend dazu. Je nach Wortwahl der Fragenden variierten die Antworten: So veränderte sich die geschätzte Angabe des Tempos der am Crash beteiligten Autos dadurch, ob in der Frage die Formulierung »touchieren«, »kollidieren« oder »ineinanderkrachen« verwendet wurde.

Auch dass man Erinnerungen nicht nur manipulieren, sondern sogar »einpflanzen« kann, wies Loftus nach: 1995 las sie 24 Probanden vier verschiedene Kindheitserlebnisse vor, die von deren Verwandten detailliert beschrieben worden waren. Eines davon, nämlich dass die Versuchspersonen sich im Alter von etwa sechs Jahren in einem Einkaufszentrum verirrt hätten, war jedoch frei erfunden. Als den Teilnehmern der Untersuchung erzählt wurde, dass eine der Geschichten falsch sei, wählten 19 diese Story aus – fünf waren der festen Ansicht, sich an das Erlebnis genau erinnern zu können.

Bei einem anderen Versuch wurde Menschen, die in ihrer Vergangenheit das Disneyland besucht hatten, eine Begegnung mit Bugs Bunny eingeredet. Einige Probanden erinnerten sich hinterher lebhaft an das Treffen – das nie stattgefunden haben konnte, da der Hase zu Warner Brothers und nicht ins Disney-Imperium gehört. Die Ergebnisse ihrer Studien ließen Elizabeth Loftus daran zweifeln, dass verdrängte Erinnerungen, die zum Beispiel bei der Psychoanalyse aufgedeckt werden, als zuverlässig zu bewerten sind.

Kognitivismus heute: Stand der Dinge

Kognitive Psychologie ist die heute wohl vorherrschende Fachrichtung der Psychologie; sie hat nicht nur die Pädagogik und Neurowissenschaften maßgeblich beeinflusst, sondern ist als Teil des Kognitivismus interdisziplinär und lässt sich durch neue Erkenntnisse stets befruchten und erweitern – eine Offenheit und Entwicklungsfähigkeit, die andere Strömungen der Psychologie oft vermissen lassen.

Kontrollierte Experimente und umfangreiche Forschungen fundierten in der Vergangenheit die Haupthypothesen der auch als »mentalistisch orientierte Psychologie« bekannten Richtung. So ist es heute möglich, dem Menschen nicht nur »vor den Kopf zu schauen«, sondern die verborgenen Prozesse wie Wahrnehmung, Intelligenz, Sprache, Denken und Gedächtnis in Teilen aufzudecken und so »hinter die Stirn« und damit in die Blackbox zu blicken. Unter Einbeziehung der Lösungsansätze anderer wissenschaftlicher Disziplinen wird weiterhin an der Theoriebildung zur Funktionsweise des menschlichen Geistes gearbeitet, um die psychischen Strukturen und Abläufe zwischen der Informationsaufnahme und dem daraus resultierenden menschlichen Verhalten zu ergründen.

Der Nutzen der Kognitiven Psychologie ist jedoch nicht nur theoretisch und abstrakt; anhand der Erforschung unserer Wahrnehmung konnten beispielsweise Anzeigen in Cockpits von Flugzeugen so gestaltet werden, dass es die Flugsicherheit erhöht. Auch im Hinblick auf die Zuverlässigkeit von Zeugenaussagen und durch die Entwicklung eines kognitiven Therapieansatzes zur erfolgreichen Behandlung von Depressionen hat sich die Kognitionspsychologie bewährt. Wir dürfen gespannt sein, welche erstaunlichen Ergebnisse das Fachgebiet in Bezug auf die detaillierte Erforschung unseres Geistes in den nächsten Jahren noch präsentieren wird.

HUMANISTISCHE PSYCHOLOGIE

Schnellcheck: Was ist das?

Während bei den althergebrachten Strömungen der Psychologie, Tiefenpsychologie und des Behaviorismus ein eher mechanistisches Menschenbild vorherrschte, basiert diese relativ junge Schule, oft als »dritte Kraft« bezeichnet, auf einer ganzheitlicheren Vorstellung vom Individuum. Der gesunde Mensch und seine freie Entfaltung beziehungsweise die Entwicklung seiner Persönlichkeit stehen hier im Vordergrund. 1962 wurde die American Association for Humanistic Psychology (AHP) gegründet; sie gilt als Grundstein der Bewegung, die eigentlich eine Sammelbezeichnung für vielerlei Einflüsse, auch aus der Gestaltpsychologie und des Kognitivismus, ist. Die weltanschaulichen Wurzeln der Humanistischen Psychologie sind vor allem im Humanismus und Existenzialismus zu finden. Neben der Überzeugung, dass die Natur des Menschen gut ist – und nicht zumindest zum Teil böse, wie Freud es sah, oder neutral, wovon die Behavioristen ausgehen –, beruht die Schule der HP auf fünf Grundannahmen, die dazu dienen, das individuelle Wachstumspotenzial des Menschen auszuschöpfen:

1. Der Mensch ist mehr als die Summe seiner Teile.

2. Der Mensch lebt in zwischenmenschlichen Beziehungen.

3. Der Mensch lebt bewusst und kann seine Wahrnehmungen schärfen.

4. Der Mensch kann entscheiden.

5. Der Mensch ist intentional (hinzielend, zweckbestimmt).

Humanistische Psychologen sind der Ansicht, dass man Persönlichkeiten am besten fördert, indem man sich ihnen individuell annähert. Dieser Theorie zufolge bildet ein Mensch psychische Störungen dann aus, wenn seine Selbstentfaltung durch Umwelteinflüsse blockiert wird. Untersuchungen der Seele sollten ohne Wertung, Kritik und voreilige Deutungen erfolgen; ein Ansatz, der zu mehreren erfolgreichen Therapie- und Beratungsformen geführt hat.

Vier Grundtendenzen menschlichen Lebens: »Welttest«-Begründerin Bühler

Die Pionierin der modernen Entwicklungspsychologie gilt gleichzeitig auch als Wegbereiterin der Humanistischen Psychologie. Charlotte Bühler (1893–1974), auf Kleinkinder- und Jugendpsychologie spezialisiert, hegte tief gehende Kritik an der Freudianischen Psychoanalyse. Dies führte schließlich zu einer Neuordnung psychoanalytischer Fragen und Positionen im humanistisch-psychologischen Kontext. Ihre Errungenschaften in der Entwicklungspsychologie sind bis heute von Bedeutung. So kreierte sie beispielsweise den »Welttest«, bei dem sich Kinder im Vor- und Grundschulalter mit Spielmaterial eine »Welt« nach eigenen Vorstellungen schaffen. Der Therapeut kann dann per Deutung Rückschlüsse auf mögliche Konflikte und Ängste des Kindes ziehen. Später beschäftigte sich Charlotte Bühler, die fast 50 Jahre mit dem Psychologen Karl Bühler verheiratet war, nicht nur mit der Entwicklung des jungen, sondern auch des erwachsenen Menschen. Sie sah »vier Grundtendenzen fürs Leben« als ausschlaggebend an:

1. Bedürfnisbefriedigung (das Streben nach Glück, Wohlbehagen, Entspannung)

2. selbstbeschränkende Anpassung (Einordnung und Einschränkung zur Erlangung von Sicherheit)

3. schöpferische Expansion (Selbstverwirklichung, kreatives Tun)

4. Aufrechterhaltung der inneren Ordnung (Selbstversorgung, Seelenfrieden, Einordnung)

Diese Tendenzen sind laut Bühler zu allen Zeiten in einem Menschen vorhanden, manifestieren sich aber je nach Entwicklung individuell unterschiedlich. In den USA, wohin das jüdische Ehepaar aufgrund der politischen Lage in Europa während des Zweiten Weltkriegs emigrierte, entwickelte Charlotte Bühler auf der Basis ihrer Annahmen zusammen mit ihren Kollegen Abraham Maslow und Carl Rogers die Grundlagen der Humanistischen Psychologie.

Klientenzentrierte Gesprächstherapie: Rogers' »gutes Leben«

Das »Schubladendenken« der Psychoanalyse war auch dem Psychologen Carl Ransom Rogers (1902–1987) ein Dorn im Auge. Menschen schienen ihm viel zu vielfältig für derart starre Schemata, wie sie von der Tiefenpsychologie bereitgehalten wurden. Die Sicht auf die Seele als ein defektes Konstrukt, das nach der Bewältigung mehrerer Stufen plötzliche Gesundung erreicht, zweifelte er ebenso an wie eine rein von Umwelteinflüssen abhängige Entwicklung, wie es die Behavioristen propagierten.

Für Rogers war die Psyche etwas Lebendiges, das innerhalb seiner Umwelt wächst und sich ständig verändert. Seine Überzeugung galt dem im Kern stets guten Menschen, der von Natur aus mentales und emotionales Wohlbefinden anstrebt. So brachte er seinen Patienten bedingungslose Akzeptanz entgegen, die der 1987 für den Friedensnobelpreis nominierte Entwickler der »Klientenzentrierten Gesprächstherapie« als Voraussetzung dafür ansah, dass der Mensch offen bleibt für Erfahrungen. Erfahrungen wiederum formen Rogers' Ansicht nach das Selbst und sind so für eine Entwicklung der Persönlichkeit unabdingbar. Der Schlüssel zu einem »guten Leben«, wie Rogers es nannte, liegt in der bedingungslosen Wertschätzung der Existenz jedes Einzelnen. Wer offen für Erfahrungen ist, im gegenwärtigen Moment lebt und Vertrauen in sich selbst hat, kann Verantwortung für das eigene Handeln übernehmen und sich selbst wie anderen Menschen mit positiver Zuwendung begegnen.

Das ist auch die Grundhaltung seines Klientenzentrierten (später »Personenzentrierten«) Therapieansatzes: Der Patient und seine Gefühle stehen hier im Vordergrund, der Therapeut übernimmt die Position des aktiven Zuhörers und ermöglicht so dem Patienten, eigene Antworten auf Fragen zu finden und damit das Selbstvertrauen zu stärken.

Wie geht Selbstverwirklichung? Die Maslowsche Bedürfnispyramide

Abraham Harold Maslow (1908–1970), Begründer der Humanistischen Psychologie, erschienen die Vergleichenden Verhaltenswissenschaften ebenso ungeeignet wie die Psychoanalyse, um das menschliche Wesen zu erfassen: Tierische Aktionen und solche von Neurotikern sah er für ein umfassendes Menschenbild als nicht aussagekräftig an.

Zwar sei die Befriedigung angeborener Triebe wichtig, wie auch die Erfüllung physiologischer Bedürfnisse. Den höchsten Bewusstseinszustand erreicht ein Mensch ihm zufolge jedoch nur dann, wenn er sein Lebensziel erkennt und nach Realisierung strebt. Maslow nannte dies »Selbstverwirklichung«. Wer seiner individuellen Aufgabe nicht nachkommt, würde nach Maslow zeitlebens unzufrieden sein.

Der Weg zur Selbstverwirklichung ist demnach in mehrere Stufen unterteilt. Diese »Bedürfnispyramide« gliedert sich in zwei Abschnitte: Die Basis bilden Grund- oder sogenannte Defizitbedürfnisse, auf denen die höheren Wachstumsbedürfnisse aufbauen.

Ganz unten finden sich körperliche Grundbedürfnisse wie Essen, Trinken, Luft und Schlaf.

Darauf folgt Sicherheit, zum Beispiel in Form von Gesundheit, Stabilität, Geld und Arbeit.

Als Nächstes benötigen wir Liebe und Zugehörigkeit, also Freundschaften und Beziehungen. Die letzte Stufe der Defizitbedürfnisse bildet die Wertschätzung; sie definiert den Wunsch nach Anerkennung, Respekt und Leistung.

Der zweite Pyramidenteil beginnt mit Verständnis: Wissen ermöglicht uns das Verstehen von Zusammenhängen.

Unser Bedürfnis nach Ästhetik formt die zweite Stufe: Schönheit und Ordnung sind uns ein Anliegen.

Die Selbstverwirklichung beschreibt den Zustand, in dem wir unser individuelles Potenzial voll ausschöpfen.

Gelingt uns dies, ist Selbsttranszendenz möglich, also die Verbindung zu Gott oder die Fähigkeit, anderen Menschen zu helfen.

Kommunikation zur Konfliktlösung: Das Gordon-Modell

Der Psychologe Thomas Gordon (1918–2002), Schüler und Mitarbeiter von Carl Rogers, vertrat die Ansicht, dass Kinder, die in friedvoller Umgebung und Freiheit heranwachsen, sich zu selbstbestimmten und verantwortungsvollen Erwachsenen entwickeln.

Die Strategien und Bedingungen, die er hierfür nannte, basieren unter anderem auf Rogers' Personenzentrierter Psychologie. Gordon erkannte früh die Bedeutung von Kommunikation und gewaltfreier Konfliktbewältigung für zwischenmenschliche Beziehungen. Daraus resultierend, entwickelte er das »Gordon-Modell«, ein Kommunikationsprogramm, das er erstmalig in seinem erfolgreichen Buch *Familienkonferenz* beschrieb. Wirksamkeitsstudien belegen den Effekt des »Parent Effectiveness Training« (P.E.T), wie die Publikation im Original heißt. Es basiert unter anderem auf »Aktivem Zuhören«; das heißt, dass der Zuhörer die Meinung und Gefühle des Kindes wahrnehmen und in eigenen Worten wiederholen soll, um es anzuleiten, die eigenen Probleme zu begreifen und selbstständig Lösungsansätze zu entwickeln. Mit sogenannten Ich-Botschaften teilt der Erwachsene dem Kind etwas über die eigenen Gefühle mit (»Ich habe Kopfschmerzen, deshalb kann ich nicht mit dir auf den Spielplatz gehen«)

oder beschreibt die Auswirkungen des kindlichen Handelns auf ihn selbst (»Wenn du das Fenster mit Plakafarben bemalst, kann man hinterher nicht mehr durchsehen und ich muss es sauber machen. Das tue ich nicht gern«).

Gordon formulierte weitere zentrale Thesen zur erfolgreichen gewaltlosen Erziehung und zwölf Kommunikationssperren, die sich negativ auf einen Gesprächsverlauf auswirken, wie Befehle, Drohungen, Moralisieren und das Erteilen unerwünschter Ratschläge. Bis heute sind seine Bücher, die schon Generationen von Eltern beeinflussten, Bestseller.

Humanistische Psychologie heute: Stand der Dinge

Der Mensch auf dem Weg zur Selbstverwirklichung – die Ansätze der Humanistischen Psychologie und ihre Fortentwicklung haben heute noch Bestand. Die Gesprächspsychotherapie GT beziehungsweise die »Personcentered therapy« PCT (internationale Bezeichnung) gilt als wissenschaftlich anerkannte Therapie bei bestimmten psychischen Störungen, wie Angst-, Belastungs- und Anpassungs- sowie affektiven Störungen. Allerdings wurde sie vom Gemeinsamen Bundesausschuss bisher nicht als eigenständiges psychotherapeutisches Verfahren zugelassen, weshalb die Behandlung zurzeit nicht über die

Krankenkassen abgerechnet werden kann. Aufbauend auf der Humanistischen Psychologie, hat sich zudem erfolgreich NLP etabliert, Neurolinguistisches Programmieren oder Neurolinguistische Psychologie. Die Kommunikationsmethode dient dazu, auf humanistischer Grundlage unbewusste positive Eigenkräfte anzusprechen und zu entfalten. Eine ausgeprägte Wahrnehmung und hohe Sprachsensibilität sind hierfür Voraussetzung; dies wird in Schulungen trainiert.

Natürlich ist auch die Humanistische Psychologie in den letzten Jahrzehnten nicht von Kritik verschont geblieben: Ihre facettenreichen und vielfältigen Konzepte machten die Strömung sogar besonders angreifbar. Die HP galt vielfach als nicht abgegrenzt genug von verwandten Ansätzen; ihre Vertreter verweigerten oftmals die Reaktion auf Kritik, was in den Achtzigerjahren als »Krise der Humanistischen Psychologie« formuliert wurde.

Doch gerade heute in Zeiten der Globalisierung und interkulturellen Begegnung sind der Ansatz Humanistischer Psychologie und das mit ihr verbundene vorurteilsfreie positive Menschenbild so aktuell wie vielleicht nie zuvor. Förderung und Wachstum der Menschen statt Unterdrückung wird auch in den kommenden Jahrzehnten ein wichtiger Leitgedanke sein.

GRUNDLAGENFÄCHER

Allgemeine Psychologie

Die Allgemeine Psychologie beschäftigt sich schwerpunktmäßig mit den Gesetzmäßigkeiten des Erlebens und Verhaltens der Menschen – insbesondere mit jenen, die alle Menschen haben, also allgemeingültig sind. Individuelle Unterschiede beziehungsweise deren Entwicklung spielen in diesem Forschungsfeld nur eine untergeordnete Rolle. Untersuchungsgegenstand ist unter anderem unser Umgang mit Informationen: Wie nehmen wir Wissen auf, wie verarbeiten wir es, wie speichern wir Kenntnisse und wie steuert dies unser Verhalten? Zu den zentralen Forschungsfeldern gehören daher Wahrnehmung und Aufmerksamkeit, Lernen und Gedächtnis, menschliche Denkprozesse und, daraus resultierend, Entscheidungen und Problemlösungen, das Sprachverstehen sowie Motivation und Emotion als Verhaltenssteuerung.

Die Allgemeine Psychologie hat sich als Grundlagenwissenschaft auf die Fahnen geschrieben, menschliches Erleben und Verhalten durch Experimente und empirisch gestützte Theorien zu erklären. Ein einheitliches Forschungsgebiet existiert nicht, vielmehr handelt es sich um verschiedene Forschungstraditionen, die sich mit den unterschiedlichen Funktionen der Psyche auseinandersetzen. Einige Grundauffassungen haben die Forschungsfelder jedoch gemeinsam:

- Universalismus (von den Prinzipien der Wahrnehmung, des Gedächtnisses und so weiter wird angenommen, dass sie in allen Menschen gleich sind)

- Funktionalismus (Prozesse und Mechanismen der Psyche werden im Gegensatz zu den Inhalten, die zum Beispiel kulturell variieren können, als universell vorausgesetzt)

- Experimentelle Methode (kontrollierte Überprüfung von Hypothesen und Theorien, unter anderem mithilfe von Human- und seltener Tierexperimenten).

Unter Allgemeiner Psychologie werden die jeweiligen Erkenntnisse der verschiedenen Forschungsbereiche gelehrt; ihre Anwendung findet in vielen Bereichen statt.

Biologische Psychologie

Dieses Teilgebiet der Psychologie setzt sich in erster Linie mit biologischen (neuronalen und hormonellen) Mechanismen und deren Einfluss auf unser Verhalten, unser Erleben und unsere Wahrnehmung auseinander. Um dies zu erforschen, untersuchen Biopsychologen die Strukturen etwa unseres Gehirns, des Hormonsystems, der Blutgefäße und des Immunsystems. Wie wirken sich biologische Vorgänge in Körperbereichen und Organen auf unsere Psyche aus? Wie können seelische Zustände unsere physischen Funktionen beeinflussen und manipulieren? Ein weites Forschungsfeld, weshalb die Biologische Psychologie ins sechs Hauptbereiche unterteilt ist:

– Physiologische Psychologie. Wie verändert sich unser Verhalten bei Manipulationen des Nervensystems?

– Psychopharmakologie. Wie wirkt sich die Gabe von Medikamenten und Drogen auf unsere Eigenarten sowie auf das Gehirn und das Gedächtnis aus?

– Neuropsychologie. Welche Effekte haben Hirnschäden auf die Psyche des Menschen?

- Psychophysiologie. Welche Verbindung existiert zwischen physiologischen und psychologischen Prozessen und wie kann man diese nichtinvasiv messen?

- Kognitive Neurowissenschaft. Wie kann man beispielsweise mit bildgebenden Verfahren neuronale Mechanismen wie Veränderungen der Hirnaktivitäten bei bestimmten Tätigkeiten sichtbar machen?

- Vergleichende Psychologie. Welche Gemeinsamkeiten im Verhalten hinsichtlich Evolution, Anpassungsfähigkeit und Genetik haben wir mit anderen Spezies wie Affen oder Vögeln?

Da deutsche Psychologen dem Tierversuch, einem Kernbestandteil der Biopsychologie, vielfach kritisch gegenüberstehen, ist dieses Forschungsgebiet hierzulande eher gering vertreten. Meist beschränkt es sich auf bildgebende, nichtinvasive Verfahren, die bereits erstaunliche Einblicke in die Prozesse des menschlichen Gehirns ermöglichen.

Differentielle oder Persönlichkeitspsychologie

Im Gegensatz zur Allgemeinen Psychologie, die die psychologischen Gesetzmäßigkeiten aller Menschen erforscht, konzentriert sich die Differentielle oder Persönlichkeitspsychologie auf die Einzigartigkeit des Individuums und die intra- beziehungsweise interindividuellen Unterschiede. Intraindividuelle Unterschiede bezeichnen die des Einzelnen und werden damit der Persönlichkeitspsychologie zugerechnet; interindividuelle Unterschiede beschreiben Differenzen in Merkmalen und Strukturen zweier oder mehrerer Individuen und gehören somit zum Fachgebiet der Differentiellen Psychologie. Die unterschiedlichen Ansätze haben sich im Laufe der Jahre vermischt; heute gibt es Autoren, die zwischen den Begriffen trennen, und solche, die sie synonym verwenden.

Die Differentielle oder Persönlichkeitspsychologie versucht die Frage zu beantworten, warum und inwieweit Menschen differieren, sie untersucht den Einfluss der Umwelt und der Anlagen auf diese Unterschiede. Ein Schwerpunkt liegt auf der Intelligenzforschung und -diagnostik; auch Kreativität, Sozialverhalten, Temperament und körperliche Eigenheiten sind wichtige Untersuchungsthemen, ebenso die Entwicklung von Persönlichkeitstheorien. Es existiert eine Vielzahl solcher Versuche, den menschlichen Charakter zu erfassen und zu beschreiben. Anerkannt ist beispielsweise das Persönlichkeitsmodell der Big Five oder das Fünf-Faktoren-Modell (FFM): Es ordnet den Menschen ein in fünf Hauptpersönlichkeitsdimensionen und deren Ausprägungen von schwach bis stark:

- Neurotizismus (Erleben von negativen Emotionen, emotionale Labilität)

- Extraversion (Aktivität, Begeisterungsfähigkeit)

- Offenheit (Interesse an und Beschäftigung mit neuen Erfahrungen und Eindrücken)

- Gewissenhaftigkeit (Selbstkontrolle, Zielstrebigkeit)

- Verträglichkeit (Mitgefühl und Verständnis für andere Menschen)

Entwicklungspsychologie

Wie verändern wir uns im Laufe unseres Lebens? Welche Entwicklung nehmen wir von der Geburt bis zum Tod? Dieser Thematik widmen sich Entwicklungspsychologen – wobei hier aufeinander aufbauende intraindividuelle Veränderungen im Fokus der Forschung stehen. Entwicklungspsychologie beschäftigt sich mit Sprache, Denken, Lernen, Persönlichkeit: Wann erschließen wir welche psychischen Funktionsbereiche unter welchen Bedingungen? Warum verlieren wir sie wieder? Die Entwicklung in unterschiedlichen menschlichen Lebensabschnitten wird insbesondere im Hinblick auf die individuelle biologische Ausstattung und auf die soziale Umgebung erforscht. Während früher in erster Linie die Entwicklung zum Erwachsenen im Zentrum des Interesses stand (Kinderpsychologie), untersucht die Entwicklungspsychologie heute die lebenslang fortdauernde Entwicklung eines Menschen. Zwar liegen Schwerpunkte auf dem kindlichen Erleben, aber auch auf den psychischen Funktionen im Alter, unter anderem den kognitiven Einschränkungen. Stufenentwicklungsmodelle wie das des Biologen Jean Piagets (1896–1980), der die kindlich-jugendliche Entwicklung skizzierte, und des Psychoanalytikers Erik Homburger Erikson (1902–1994), der ein Acht-Stadien-Modell bis ins »reife Erwachsenenalter« schuf, spiegeln diese Weiterentwicklung.

Ebenfalls eine zentrale Rolle in der Entwicklungspsychologie fällt den Entwicklungsaufgaben zu: Diesem Konzept liegt die Annahme zugrunde, dass ein Mensch im Laufe seines Lebens seinem Alter entsprechende Herausforderungen zu meistern hat, so das Loslösen von den Eltern in der Jugend. Wird die Aufgabe gelöst, ermöglicht das die Veränderung; kann sie hingegen nicht bewältigt werden, führt dies zu Frustration und möglichen Schwierigkeiten bei der Bewältigung künftiger Aufgaben, da diese aufeinander aufbauen.

Sozialpsychologie

Eine Grundidee der Sozialpsychologie ist, dass unsere Umgebung, die Menschen um uns herum und gesellschaftliche Normen unser Verhalten beeinflussen. Nach dieser Annahme wird unser Verhalten nicht nur durch unsere Persönlichkeit und den Charakter bestimmt, sondern es verändert sich im Kontext sozialer Prozesse. Sozialpsychologen beschäftigen sich mit den allgemeinen Gesetzmäßigkeiten menschlichen Verhaltens innerhalb sozialer Gefüge; diese werden entweder auf der Ebene des Individuums erforscht oder auf der Basis von Gruppen. Letzteres entspricht der soziologischen Sozialpsychologie, die vor allem in Europa entwickelt wurde, Ersteres der psychologischen Sozialpsychologie, die in den USA entstand, aber heute auch hierzulande Anwendung findet. Beide Richtungen vermischen sich zusehends.

Um herauszufinden, welchen Einfluss die Interaktion mit anderen auf unser Erleben und Verhalten nimmt, bedienen sich Sozialpsychologen Statistiken, Fragebögen und Experimenten. Das umstrittene Milgram-Experiment, das die Reaktion auf Autorität testet, sollte ursprünglich dazu dienen, Verbrechen der Nazizeit zu erforschen. Probanden erhielten hierbei den Auftrag eines autoritären Versuchsleiters, als »Lehrer« einem »Schüler« (Schauspieler)

Stromschläge zu versetzen, wenn der Schüler Wortpaare falsch zusammenfügte. Je mehr Fehler gemacht wurden, desto stärker sollte der strafende Stromschlag sein. Das Ergebnis des mehrfach und unter verschiedenen Bedingungen durchgeführten Experiments war erstaunlich: Ein Großteil der Versuchspersonen strafte trotz massiver ethischer Bedenken und heftigsten (vorgetäuschten) Schmerzbekundungen des Schülers auf Anweisung hin mit maximaler Schlagintensität (450 Volt). Voraussetzung dafür war, dass der Versuchsleiter auf Nachfrage des Probanden alle Verantwortung übernahm.

ANGEWANDTE PSYCHOLOGIE

Klinische Psychologie

Wird allgemein von einem Psychologen gesprochen, ist oftmals ein Vertreter dieses Fachs gemeint: Die Klinische Psychologie ist die Disziplin innerhalb der Wissenschaft, die sich unter anderem auf die Erforschung, die Auswirkungen und Diagnose psychischer Störungen bei Kindern, Jugendlichen und Erwachsenen konzentriert. Entstehung, Verbreitung und Klassifikation psychischer Auffälligkeiten stehen ebenso im Fokus der Klinischen Psychologen wie die Entwicklung von Methoden zur Prophylaxe, unter Umständen der Behandlung (Psychotherapie) sowie der Rehabilitation psychischer Erkrankungen. Zudem unterliegen die verschiedenen Methoden und Verfahren ständiger Evaluation (Bewertung). Auch die psychischen Effekte körperlicher Erkrankungen und Einschränkungen sowie neuropsychologische Störungen sind ein zentrales Thema der Klinischen Psychologie. Primär beschäftigt sie sich mit der Grundlagenforschung auf naturwissenschaftlicher Basis: Die Suche nach Ursachen und Wirkungszusammenhängen von gestörten Funktionsbereichen steht hier ebenso im Mittelpunkt wie die Untersuchung von gestörtem Verhalten im Vergleich zu normalem.

Erkenntnisse der psychologischen Grundlagenfächer und kontrollierte Laborexperimente sind für dieses Fach von großer Relevanz; auch klinische Tests, Beobachtungen und Fragebögen werden für Forschung und Analyse genutzt. Klinische Psychologen arbeiten in Einrichtungen des Sozial-, Gesundheits-, Justiz- und Erziehungswesens. Neben Forschungs- und Lehrinstituten bietet auch die Wirtschaft zahlreiche Betätigungsfelder. Die Psychotherapie ist ein Teilgebiet der Klinischen Psychologie. Sie erfolgt zur Linderung beziehungsweise Beseitigung psychischer Störungen. In der Regel ist eine mehrjährige Zusatzausbildung als Psychotherapeut erforderlich, um Patienten behandeln zu können.

Psychische Störung – Was ist das?

Als »psychische Störung« werden seelische Auffälligkeiten bezeichnet, die den Betroffenen in seinem Verhalten, seiner Wahrnehmung, dem Denken, Fühlen und im Führen sozialer Beziehungen krankhaft beeinträchtigen und nicht oder nur zum Teil willentlich durch ihn beeinflusst werden können. Nationale und internationale Studien belegen, dass psychische Erkrankungen, die sowohl die emotionalen als auch die kognitiven Funktionen betreffen können, deutlich häufiger auftreten als gemeinhin angenommen. Untersuchungen zufolge sind hierzulande rund acht Millionen Menschen von einer behandlungsbedürftigen Störung betroffen. Derartige Erkrankungen gehören zu den häufigsten Gründen einer Arztkonsultation und sind oftmals Anlass einer Arbeitsunfähigkeitsbescheinigung. Nicht jede Abweichung von der Norm ist jedoch mit einer krankhaften Störung gleichzusetzen; manche Menschen erfahren beispielsweise ein Stimmungstief, das nicht als Krankheit erlebt wird und von selbst wieder vorübergeht. Um psychische Störungen ordnen zu können, gibt es heute in erster Linie zwei Klassifikations- und Diagnosesysteme: das ICD (International Statistical Classification of Diseases and Related Health Problems) der Weltgesundheitsorganisation WHO und das Diagnostic and Statistical Manual of Mental Disorders, das in der 5. Auflage als DSM-5 im Jahr 2013 von der American Psychiatric Association APA herausgegeben wurde.

Psychische Störungen treten bei beiden Geschlechtern in ähnlicher Häufigkeit auf: Bis zur Pubertät sind mehr Jungen von den Erkrankungen betroffen, danach finden sich Störungen vermehrt beim weiblichen Geschlecht. Manche Erkrankungen bilden sich bei Mann und Frau gleich oft aus, beispielsweise Zwangshandlungen und die Bipolare Störung; andere weisen im Hinblick auf Häufigkeit und Ausprägung geschlechterspezifische Unterschiede auf.

Häufige psychische Störungen

- Depression: Etwa jeder Fünfte erkrankt einmal im Leben daran, Frauen doppelt so oft wie Männer. Antriebslosigkeit geht einher mit Erschöpfung, Hoffnungslosigkeit und Verzweiflung. Die in Phasen auftretende Störung wird mithilfe von Anamnese und dem Ausschluss organischer Ursachen festgestellt. Ist eine Behandlung vonnöten, sind Verhaltens- und Gesprächspsychotherapie sowie Psychopharmaka sinnvoll.

- Panik und Platzangst: Etwa 1,5 Millionen Menschen leiden unter Panik und/oder Platzangst (Agoraphobie). Rund jeden Zwanzigsten betrifft die Störung, Männer halb so oft wie Frauen. Unter Panikattacken versteht man plötzliche Angstsymptome ohne akute Bedrohung. Treten diese über mindestens einen Monat auf, sprechen Experten von Panikstörung. Platzangst beschreibt die Furcht vor Menschenmengen und weiten Plätzen. Ausführliche Gespräche und manchmal auch die Verwendung von Fragebögen dienen der Diagnose. Medikamente, Verhaltens- und Psychodynamische Therapie helfen.

- Alkoholsucht: Für rund 2,7 Millionen Menschen in Deutschland ist der Missbrauch von Alkohol Alltag. Männer sind doppelt so oft betroffen. Wer den Konsum nicht mehr steuern kann und ohne Alkohol physische und psychische Auffälligkeiten zeigt, gilt als abhängig. Neben Gesprächen zeigen dies Alkoholmarker im Blut. Nach Entzug, Entwöhnung und Nachsorge schließt eine motivationsfördernde Psychotherapie an.

- Schizophrenie: Einer von 100 Erwachsenen erkrankt an einer Psychose (zeitweiliger Verlust des Realitätsbezugs), die häufig mit akustischen Halluzinationen einhergeht. Eine Spaltung der Persönlichkeit ist Schizophrenie nicht; die in Deutschland etwa 800.000 Betroffenen können nicht zwischen Wahn und Wirklichkeit unterscheiden. Die Untersuchung umfasst Gespräche und Tests wie EEG und MRT. Mit Neuroleptika und Kognitiver Verhaltenstherapie ist die Erkrankung behandelbar.

ANGEWANDTE PSYCHOLOGIE

Medienpsychologie

Während es noch vor rund 100 Jahren lediglich die Tageszeitung als Medienangebot gab, hat sich die mediale Palette in den letzten Jahrzehnten deutlich erweitert. Die Nutzung von Informationen und Unterhaltung ist hierzulande jedermann möglich; Medieninhalte sorgen für Diskussionen und Gesprächsstoff. Selbstverständlich beeinflusst uns der Konsum von Medien – doch auf welche Weise? Medienpsychologie, ein junges Teilgebiet der Psychologie, versucht, das menschliche Verhalten und Erleben in Bezug auf Mediennutzung zu analysieren und zu beschreiben. Untersuchungsgegenstand sind sowohl klassische als auch neue Medien. Die Erkenntnisse beziehen sich nicht nur auf Massenmedien wie Zeitung und Zeitschriften, Internet, Fernsehen und Hörfunk, sondern auch auf Individualmedien zur Kommunikation wie Telefon oder E-Mails. Schwerpunkte der Untersuchungen liegen einerseits auf dem Verarbeiten und der Wirkung von Inhalten; wie reagieren Einzelpersonen und Gruppen auf bestimmte Informationen wie Gewalt, wie verändern diese Informationen unsere Gefühle und Meinungen? Andererseits erforscht die Medienpsychologie auch die Motivationen und erforderlichen individuellen Kompetenzen, die hinter der Auswahl spezifischer Medien und Inhalte stecken. Im Fokus liegen zudem die an spezifische Nutzer angepasste Medien(weiter-)entwicklung und die Optimierung des medialen Angebots.

Medienpsychologen arbeiten häufig in der Werbung, zum Beispiel im Bereich zielgruppengerechter Präsentationen. Auch bei Meinungsforschungsinstituten und in der Programmdirektion von TV-Sendern ist das Berufsbild vertreten. Unerlässlich sind Kenntnisse der Medienpsychologie bei der Entwicklung und Produktion von Programmen zur Wissenskommunikation sowie bei der Schaffung virtueller Realitäten, wie sie etwa bei Computerspielen genutzt werden.

Pädagogische Psychologie

Dieses Anwendungsgebiet der Psychologie konzentriert sich vorrangig auf die Beschreibung und Erklärung psychologischer Aspekte von Erziehungs-, Unterrichts- und Sozialisationsprozessen. Der Schwerpunkt der Forschung liegt nicht nur auf den Phänomenen des Lernens und der Erziehung von Kindern und Jugendlichen; Lernen versteht man in der Pädagogischen Psychologie als einen das gesamte Leben überdauernden Prozess. Auf den Grundlagen der pädagogisch-psychologischen Forschung unter Einbeziehung entwicklungs- und sozialpsychologischer Erkenntnisse Bildungs- und Erziehungsprozesse zu optimieren ist ein Ziel dieses psychologischen Teilgebiets. Im Fokus der Forschung stehen zudem Interaktionen und die Folgen für die Beteiligten, zum Beispiel zwischen Eltern und Kindern, Lehrern und Schülern oder Schülern und Mitschülern. Maßnahmen zur Prävention und Intervention, etwa spezielle Förderprogramme bei Lernstörungen, aber auch Hochbegabungen, sind weitere zentrale Aufgabenstellungen für pädagogische Psychologen.

Neben der Verbesserung des pädagogischen Handelns beschäftigt sich die Pädagogische Psychologie auch mit der Diagnostik, also geeigneten Lernkontrollinstrumenten und deren Entwicklung. Neben der Bildung von Kriterien und Normen für Tests und schulische Notengebung ist auch die Evaluation im schulischen Leistungsvergleich, etwa anhand der PISA-Studien, ein pädagogisch-psychologisches Arbeitsfeld. Aufgrund ihrer immensen Relevanz für die pädagogische Praxis gehört die pädagogische Psychologie zudem zum Curriculum des Lehramtsstudiums: Zukünftige Lehrer sollen so pädagogisch-psychologische Beratungs- und diagnostische Kompetenz erlangen. Dies erleichtert einerseits die Arbeit der Lehrenden und begünstigt daneben die Schaffung einer optimalen Lernumgebung beziehungsweise guter Lernbedingungen für Schüler.

Rechtspsychologie

Die Rechtspsychologie, ein Teilgebiet der Psychologie, beschäftigt sich mit psychologischen Theorien und Erkenntnissen rund um das Rechtswesen. Dabei wird sie in zwei Bereiche unterteilt: die Kriminal- und die Forensische Psychologie. Letztere hat einen inhaltlichen Schwerpunkt in der Beantwortung von Fragen innerhalb psychologischer Gutachten bei Gericht (»in foro«), etwa im Straf- oder Familienrecht. Dies dient der Beurteilung von Zuverlässigkeit und Glaubwürdigkeit etwa von Zeugen und deren Aussagen. Resozialisierungsmaßnahmen und Intervention im Straf- und Maßregelvollzug gehören ebenfalls zum Aufgabengebiet von Rechtspsychologen beziehungsweise Forensischen Psychologen. Auch die Behandlung von Straftätern kann zu ihrem Arbeitsfeld gehören. Neben psychologischem und therapeutischem Wissen sind für diese Tätigkeiten auch Kenntnisse der Rechtswissenschaften und Forensischen Psychiatrie erforderlich.

Die Kriminalpsychologie als Unterkategorie der Rechtspsychologie erforscht hingegen die Entstehung von Kriminalität, ihre Erscheinungsformen und, daraus resultierend, auch Entwicklungsmaßnahmen zur Prävention. Zudem analysieren Kriminalpsychologen beispielsweise das Strafbedürfnis einer Gesellschaft, eruieren die psychologischen Faktoren der Strafgesetzgebung und untersuchen kriminelle Verhaltensmuster. Die Grenzen der beiden Gebiete sind oft fließend; sie helfen dabei, die Schuldfähigkeit von Tätern zu beurteilen und eine Prognose bezüglich des künftig zu erwartenden Verhaltens zu stellen.

Während in Kino und Fernsehen Rechtspsychologen gern als »Profiler« gezeigt werden, die nicht nur Täterprofile erstellen, sondern auch aktiv bei der Verfolgung des vermeintlich Schuldigen beteiligt sind, ist diese Praxis in der deutschen Kriminalistik äußerst unüblich.

Umweltpsychologie

Die auch Ökologische Psychologie genannte, noch recht junge Disziplin der Psychologie stammt aus den Sechzigerjahren und war in den Anfängen eine Gegenbewegung zu den klassischen Laborexperimenten, die einige Fachleute für nicht allgemein aussagekräftig genug hielten. Mit Umwelt ist hier jedoch nicht nur die Natur gemeint, sondern die gesamte physisch-materielle sowie soziokulturelle Umgebung des Menschen. Umweltpsychologie erforscht die Wechselwirkungen zwischen dem Menschen und seiner Umwelt: Wie beeinflussen wir unsere Umgebung und wie wirkt sich die Umwelt auf unser Erleben und Verhalten aus? Neben den Zusammenhängen zwischen der Umwelt und der in ihr Lebenden stehen noch weitere Bereiche im Zentrum des umweltpsychologischen Forschungsinteresses. So geht es in diesem psychologischen Teilbereich auch um Umweltschutz und Umweltbewusstsein. Wie kann man Menschen zu umweltbewusstem Handeln motivieren und die Notwendigkeit des Umweltschutzes deutlich machen? Nachhaltigkeit, Klimaschutz, aber auch die psychische Belastung durch permanente umweltbedingte Reizüberflutung sind Kernthemen der Umweltpsychologie. Die Wissenschaft ist nicht in erster Linie theorieorientiert, sondern dient der aktiven Anwendung. Zur Lösung spezifischer Probleme bedient sich die Ökopsychologie außer des eigenen methodischen Wissens und dem anderer psychologischer Richtungen auch disziplinübergreifend der Erkenntnisse aus Ökonomie, Medizin, Soziologie oder auch Geografie.

Ein praktisches Anwendungsgebiet ist etwa die Verbesserung unserer Lebensbedingungen inklusive dem sozialen Klima: Etwa wie Wohngebiete menschengerecht gebaut werden können oder ein Krankenhaus gestaltet, um beste Voraussetzungen zur Genesung zu bieten – auf solche Fragen können Umweltpsychologen beeindruckende Antworten geben.

ANGEWANDTE PSYCHOLOGIE

Wirtschaftspsychologie

Auch die Wirtschaftspsychologie ist eine Disziplin mit praktischer Ausrichtung. Vertreter dieser Fachrichtung, die in Deutschland nicht nur im Rahmen des Psychologiestudiums gelehrt wird, sondern auch als eigener Studiengang mit Bachelor- und Masterabschluss belegt werden kann, setzen sich mit dem Erleben und Verhalten des Menschen im ökonomisch-sozialen Umfeld auseinander. Sie begegnen wirtschaftlichen Fragestellungen mit psychologischen Lösungsansätzen und analysieren zum Beispiel Arbeitsabläufe.

Wirtschaftspsychologen sind häufig als Coach oder Trainer tätig, arbeiten in Unternehmensberatungen, in der Mitarbeiterbetreuung sowie in der Personalauswahl, Personalbeurteilung und -entwicklung. Auch in der Konsum- und Marktforschung, im Vertrieb und in der Werbung sind ihre Kenntnisse gefragt.

Die Wirtschaftspsychologie entwickelte sich wellenartig: Der Psychologe Hugo Münsterberg (1863–1916), Schüler Wilhelm Wundts, der die Psychologie einst als eigene Wissenschaft etablierte, gilt hierzulande als Vater der Wirtschaftspsychologie. Sein Fokus lag auf der experimentellen Forschung. George Katona (1901–1981), Psychologe und Ökonom, gab der Richtung neue Impulse. Er entwickelte unter anderem in den Vierzigerjahren den Konsumklimaindex der Universität Michigan, der bis heute die Konsumneigung von Privathaushalten in den USA misst. Ab den Achtzigerjahren entstand im Gegensatz zu der an Katona angelehnten »economic psychology« im deutschsprachigen Raum eine andere Art der Wirtschaftspsychologie, die wirtschaftliches Verhalten auf der Basis sozialpsychologischer Kenntnisse zu beschreiben und vorauszusagen versucht. Heute ist dieser Zweig der Psychologie, der von anderen Fachgebieten und fachfremden Disziplinen stark beeinflusst wird, ein vielfältiges Forschungs- und Betätigungsfeld, das sich kontinuierlich weiterentwickelt.

GLOSSAR

Affektiv
Ein durch starke Emotionen ausgelöstes Verhalten gilt als affektives, den Gefühlszustand betreffendes Verhalten.

Archetyp
Der aus dem Altgriechischen stammende Begriff bedeutet so viel wie »Urform«: Archetypen gelten in der Analytischen Psychologie als dem kollektiven Unbewussten zugeordnete ererbte Muster bzw. Urbilder menschlicher Vorstellungen und Handlungen. In Märchen und Sagen kommen solche Archetypen als symbolische Bilder vor, z. B. als Krieger, Beschützer, aber auch in Form von Flüssen, Bränden o. Ä.

Assoziation
Ähnliche oder zeitnah auftretende Objekte und Gedanken verknüpfen wir oft in unserem Gedächtnis. Diese gedankliche Verknüpfung wird Assoziation genannt.

Bedingte Reaktion/ bedingter Reflex
bezeichnet im Behaviorismus eine gelernte Reaktion auf einen Reiz bei der klassischen Konditionierung

Burn-out-Syndrom:
»Ausgebranntsein« meint den Zustand völliger seelischer Erschöpfung, die sich durch innere Leere und Niedergeschlagenheit zeigt, aber auch häufig durch somatische (körperliche) Symptome wie z. B. Kopf-, Rücken- und Bauchschmerzen; oft betrifft die Erkrankung Menschen, die privat oder im Beruf stark belastet sind.

Depression
Sie ist die häufigste psychische, zum Teil genetisch bedingte Erkrankung, die mit Antriebslosigkeit, Hoffnungslosigkeit, Verzweiflung und Minderwertigkeitsgefühlen einhergeht. Ein hohes Suizidrisiko (Wahrscheinlichkeit einer Selbsttötung) ist typisch für eine schwere Depression.

Dissoziative Identitätsstörung
Bei Menschen mit dieser Diagnose liegen Störungen im Bereich der Wahrnehmung, Erinnerung und Identität vor. Betroffene entwickeln, z. B. aufgrund von traumatischen Erlebnissen wie Misshandlungen, Missbrauch, Krieg aber auch schweren Unfällen unterschiedliche Persönlichkei-

ten, die abwechselnd zum Vorschein kommen und abweichende Gefühle haben bzw. Verhaltensweisen zeigen. An das Handeln der unterschiedlichen Persönlichkeiten und das Wechseln der Identitäten können sich die Patienten später nicht erinnern.

Emotionale Intelligenz
beschreibt die Fähigkeit eines Menschen, auf der Grundlage seiner Gefühle mit anderen zu interagieren, sich in seine Mitmenschen hineinversetzen zu können und so sowohl deren Bedürfnisse zu erfüllen als auch seine eigenen leichter durchsetzen zu können; emotionale Intelligenz ist angeboren, kann aber auch trainiert werden.

Hypothese
Hierbei handelt es sich um eine Aussage, die vermutet, aber noch nicht bewiesen ist. Empirische Daten können dabei helfen, die Gültigkeit einer Hypothese zu überprüfen.

Introspektion
»Introspectare« ist lateinisch und meint »hineinsehen« – Introspektion bedeutet daher Selbstbeobachtung. Sie ist die älteste Maßnahme zur Überprüfung und Beschreibung von eigenem Verhalten und Erfahrungen.

Kognition
bezeichnet mentale Prozesse, die zur Verarbeitung von Informationen dienen; im weitesten Sinne meint Kognition das »Denken« als weitgefasste Klammer; Erinnerung, Lernen, Aufmerksamkeit, Orientierung und Kreativität sind z. B. kognitive Fähigkeiten.

Kontrollgruppe
Hierbei handelt es sich um eine Gruppe von Personen, die innerhalb eines (psychologischen) Experiments nicht, wie die eigentlichen Versuchsteilnehmer, einer experimentellen Behandlung unterzogen werden. Die Kontrollgruppe soll per Vergleich Aussagen über den Effekt des Experiments ermöglichen.

Minderwertigkeitskomplex
Der Begriff, durch Alfred Adler geprägt, bezeichnet ein vermindertes Selbstwertgefühl. Es entsteht nach Aussage des Psychologen dann, wenn ein Betroffener es nicht schafft, sich mit tatsächlich bestehender oder eingebildeter Unterlegenheit abzufinden bzw. diese zu überwinden.

Motivation
Das Wort stammt vom lateinischen »motus« für Bewegung ab: Es handelt sich um ein Gefühl, das den Menschen dazu bewegt, etwas Bestimmtes zu tun. Motivation

beeinflusst die Aktivität in unserem Verhalten, bestimmt die Richtung und die Intensität, mit der wir z. B. ein Ziel verfolgen.

Neuron
So nennen Mediziner Nervenzellen, also Zellen, die auf die Übertragung von Erregung spezialisiert sind.

Neurose
Früher verstand man darunter eine funktionelle Erkrankung ohne Ursache. Heute beschreibt Neurose eine psychische und/oder physische Einschränkung, die das psychosoziale Leben des Betroffenen negativ beeinflusst. Ein Patient ist sich seiner Neurose (z. B. Phobien) bewusst, kann sie aber nicht kontrollieren.

Persönlichkeit
beschreibt die konstanten Eigenschaften und typischen Verhaltensmerkmale eines Menschen in der Gesamtheit

Phobie
Wer unter irrationalen und unangemessen Angstreaktionen auf bestimmte Situationen oder Objekte (z. B. Enge oder Spinnen) leidet, ist vermutlich von einer Phobie, also einer Angststörung, betroffen.

Psychose
Sie beschreibt eine schwere psychische Störung, die häufig mit Halluzinationen und einer Verzerrung der Wahrnehmung und des Denkens einhergeht. Betroffene können die auftretenden Halluzinationen nicht von der Realität unterscheiden, meinen z. B. Stimmen zu hören oder »ferngesteuert« zu sein.

Selbstverwirklichung
Die Spitze der Maslowschen Bedürfnispyramide bedeutet die völlige Entfaltung des individuellen Potenzials: Selbstverwirklichung heißt, den eigenen Platz im Leben zu kennen, sozial abgesichert zu sein, Erfolgserlebnisse zu haben und von anderen anerkannt zu werden. Selbstverwirklichung gilt zwar als Ziel, ist aber dennoch als fortlaufender und nie endender Prozess anzusehen.

Trieb
Er meint eine angeborene psychische Energie, die eine Handlung beinhaltet und nach Befriedigung strebt. Primäre biologische Triebe wie Hunger und Durst dienen dem Überleben; sekundäre wie Geld und Macht sind dagegen nicht überlebenswichtig und gelten damit als erlernt. In der Psychoanalyse sind Triebe Kräfte, die unsere Persönlichkeit prägen und das Verhalten bestimmen.

GLOSSAR

Übertragung
Der Begriff aus der Psychoanalyse meint, dass Gefühle und Wünsche aus früheren Beziehungen, z. B. gegenüber den Eltern, auf den Therapeuten übertragen werden.

Verhaltensmodifikation
Hierunter versteht man die zielgerichtete Anwendung psychologischer Methoden, um das Verhalten von einzelnen Personen oder Gruppen zu verändern bzw. zu kontrollieren.

QUELLENVERZEICHNIS

Die Lehre der Seele – oder was ist eigentlich Psychologie?

Collin, Catherine, u. a.: Das Psychologie-Buch. Wichtige Theorien einfach erklärt, München 2012

– Eine kleine Definition
http://www.ncbi.nlm.nih.gov/pubmed/15740468

http://www.spektrum.de/alias/r-hauptkategorie/was-ist-psychologie/1073423

http://www.textlog.de/1950.html, http://www.verhaltenswissenschaft.de/Psychologie/Geschichte_der_Psychologie/geschichte_der_psychologie.htm

http://universal_lexikon.deacademic.com/288527/Psychologie_im_19._Jahrhundert

http://www.bruehlmeier.info/Einfuehrung.htm, http://www.spektrum.de/alias/r-hauptkategorie/was-ist-psychologie/1073423

http://www.uni-leipzig.de/~psycho/wundt/chapters/wundt.htm

http://arbeitsblaetter.stangl-taller.at/WISSENSCHAFTPSYCHOLOGIE/PsychologieSchulen.shtml

http://www.zitate-online.de/literaturzitate/allgemein/19646/aendert-sich-der-zustand-der-seele-so-aendert.html

https://de.wikipedia.org/wiki/Hermann_Ebbinghaus

– Psychologe, Psychiater, Psychotherapeut – wer macht was?
http://dgbs.de/fuer-betroffene/psychiater-psychologe-etc/

http://www.psychomeda.de/psychotherapie/psychologe-psychiater-psychotherapeut.html

QUELLENVERZEICHNIS

Andere Denker, andere Ideen: die verschiedenen Richtungen

Nolting, Hans-Peter / Paulus, Peter: Psychologie Lernen. Eine Einführung und Anleitung, Weinheim und Basel 2009

http://www.bruehlmeier.info/Einfuehrung.htm

https://de.wikipedia.org/wiki/Schule_%28Psychologie%29#Beziehung_der_verschiedenen_Schulen_untereinander

https://www.lernhelfer.de/schuelerlexikon/biologie/artikel/psychologie

https://de.wikipedia.org/wiki/Psychologie#Disziplinen

https://www.uni-ulm.de/fileadmin/website_uni_ulm/studium/Studiengangsflyer/psychologie_november2012.pdf

Tiefenpsychologie

Collin, Catherine, u. a.: Das Psychologie-Buch. Wichtige Theorien einfach erklärt, München 2012

– Schnellcheck: Was ist das?
https://de.wikipedia.org/wiki/Tiefenpsychologie
http://lexikon.stangl.eu/868/tiefenpsychologie/

– Ich, Es und Über-Ich: mit Freud auf die Couch
https://de.wikipedia.org/wiki/Das_Unbewusste

– Komplexe Komplexe: Adler und das Selbstwertgefühl
http://www.onmeda.de/persoenlichkeiten/aadler.html
http://www.stangl-taller.at/ARBEITSBLAETTER/WISSENSCHAFTPSYCHOLOGIE/PSYCHOLOGEN/Adler.shtml

– Unbewusste Archetypen: Jung und die angeborenen Erinnerungen
www.carl-g-jung.de/
https://de.wikipedia.org/wiki/Archetyp_%28Psychologie%29

– Das Über-Ich als verinnerlichter Elternteil: die Theorien von Freud-Tochter Anna
http://www.spiegel.de/wissenschaft/medizin/anna-freud-fuenf-fakten-zur-vorreiterin-der-kinderanalyse-a-1006324.html
http://www1.wdr.de/themen/archiv/stichtag/stichtag4942.html

- Produktive beziehungsweise nichtproduktive Persönlichkeiten: Fromm und die Liebe
https://de.wikipedia.org/wiki/Erich_Fromm

http://www.kritisches-netzwerk.de/forum/den-menschen-verstehen-erich-fromm

- Tiefenpsychologie heute: Stand der Dinge
http://www.zeit.de/2006/09/F-Analyse

http://www.psychomeda.de/psychotherapie/tiefenpsychologische-therapie.html

http://www.stern.de/kultur/umstrittener-star-der-wissenschaft-sigmund-freuds-ueberholte-psychoanalyse-3845688.html

https://de.wikipedia.org/wiki/Freud_Museum_%28London%29

Behaviorismus

Collin, Catherine, u. a.: Das Psychologie-Buch. Wichtige Theorien einfach erklärt, München 2012

- Schnellcheck: Was ist das?
https://de.wikipedia.org/wiki/Behaviorismus

http://www.lernpsychologie.net/lerntheorien/behaviorismus

- Wenn der Hund beim Klingeln sabbert: Konditionierung nach Pawlow
https://de.wikipedia.org/wiki/Konditionierung

https://de.wikipedia.org/wiki/Iwan_Petrowitsch_Pawlow

- Erfolg führt zur Wiederholung: Thorndikes Gesetz der Wirkung
https://portal.hogrefe.com/dorsch/cavd-test/

https://www.uni-due.de/edit/lp/behavior/thorndike.htm

- Das Fürchten lehren: Erziehung à la Watson
https://de.wikipedia.org/wiki/John_B._Watson

http://www.verhaltenswissenschaft.de/Psychologie/Behaviorismus/Methodologischer_Behaviorismus/Klassischer_Behaviorismus/Watson/Behavioristisches_Manifest/behavioristisches_manifest.htm

QUELLENVERZEICHNIS

– Operantes Konditionieren: Skinners gereizte Ratten
https://de.wikipedia.org/wiki/B._F._Skinner

https://www.uni-due.de/edit/lp/behavior/skinner.htm

http://www.lernpsychologie.net/lerntheorien/behaviorismus

– Reziproke Hemmung: Angst verlernen mit Wolpe
https://de.wikipedia.org/wiki/Joseph_Wolpe

http://www.ewi-psy.fu-berlin.de/einrichtungen/arbeitsbereiche/allgpsy/
media/media_lehre/Lernen_und_Ged__chtn__s/seminar_13.pdf

– Behaviorismus heute: Stand der Dinge
http://www.deutschlandfunk.de/die-spuren-von-100-jahren-behaviorismus.1148.de.html?dram:article_id=257175

Kognitivismus

Collin, Catherine, u. a.: Das Psychologie-Buch. Wichtige Theorien einfach erklärt, München 2012

– Schnellcheck: Was ist das?
http://arbeitsblaetter.stangl-taller.at/LERNEN/LerntheorienKognitive.shtml

https://www.uni-due.de/edit/lp/kognitiv/kognitiv.htm

https://de.wikipedia.org/wiki/Kognitionspsychologie

https://psycho.unibas.ch/abteilungen/abteilung-details/researchsites/
abteilung/allgemeine-psychologie-und-methodologie/?tx_x4epersdb_
pi5[showContentPid]=23452

– Gesetze der Wahrnehmung: Max Wertheimers Sehen von Bewegung
https://de.wikipedia.org/wiki/Max_Wertheimer

http://gestalttheory.net/download/Wertheimer1912_Sehen_von_Bewegung.pdf

http://www.ch-becker.de/extern/vosem/3.html

https://www.uni-due.de/edit/lp/kognitiv/wertheimer.htm

- Wenn Schimpansen Bananen wollen: Lernen durch Einsicht mit Wolfgang Köhler
https://de.wikipedia.org/wiki/Wolfgang_K%C3%B6hler_%28Psychologe%29

http://wkprc.eva.mpg.de/deutsch/files/wolfgang_koehler.htm

- Die Wahrnehmung verändern: Realitätsüberprüfung mit Aaron Beck
https://de.wikipedia.org/wiki/Aaron_T._Beck

http://www.pharmacon.net/2010/05/beck/

https://de.wikipedia.org/wiki/Kognitive_Verhaltenstherapie

- »Von außen geleitete Halluzinationen«: Shepards Erkenntnisse zur Wahrnehmung
https://de.wikipedia.org/wiki/Roger_Shepard

https://de.wikipedia.org/wiki/Shepard-Skala

http://www.michaelbach.de/ot/sze_shepardTables/index-de.html

http://klangschreiber.de/2012/09/05/akustische-illusionen-konnen-wir-unseren-ohren-trauen/

- Mentale Manipulation der Vergangenheit: Loftus' falsche Erinnerungen
https://de.wikipedia.org/wiki/Elizabeth_Loftus

http://www.zeit.de/zeit-wissen/2005/05/Autobiographisches_Gedaechtnis.xml

http://www.ewi-psy.fu-berlin.de/einrichtungen/arbeitsbereiche/allg_neuro/studium/seminar_loftus.pdf

- Kognitivismus heute: Stand der Dinge
http://www.psychologielehrer.de/cnew/GS/dis/Paradigmen%20der%20Psychologie%20Kap8_9.PDF

http://lexikon.stangl.eu/5083/kognitive-psychologie/

https://de.wikipedia.org/wiki/Kognitionspsychologie

Humanistische Psychologie

Collin, Catherine, u. a.: Das Psychologie-Buch. Wichtige Theorien einfach erklärt, München 2012

QUELLENVERZEICHNIS

– Schnellcheck: Was ist das?
http://www.spektrum.de/lexikon/psychologie/humanistische-psychologie/6752

http://lexikon.stangl.eu/3706/humanistische-psychologie/

https://de.wikipedia.org/wiki/Humanistische_Psychologie

http://www.muenster.de/~wosi/Psycholo.htm

– Vier Grundtendenzen menschlichen Lebens: »Welttest«-Begründerin Bühler
Reiter, Theil, Stella: Autonomie und Gerechtigkeit: Das Beispiel der Familientherapie für eine therapeutische Ethik, Berlin / Heidelberg 1988

http://www.ppfi.de/buchbesp/buehler.htm

https://de.wikipedia.org/wiki/Charlotte_B%C3%BChler

http://www-gewi.uni-graz.at/piluwe/bedeutung.xsp?id=25

http://www.onmeda.de/persoenlichkeiten/buehler.html

– Klientenzentrierte Gesprächstherapie: Rogers' »gutes Leben«
https://de.wikipedia.org/wiki/Carl_Rogers

https://de.wikipedia.org/wiki/Klientenzentrierte_Psychotherapie

http://www.carlrogers.de/entwicklung-personenzentrierte-gespraechstherapie.html

– Wie geht Selbstverwirklichung? Die Maslowsche Bedürfnispyramide
https://de.wikipedia.org/wiki/Abraham_Maslow

https://de.wikipedia.org/wiki/Maslowsche_Beduerfnishierarchie

http://arbeitsblaetter.stangl-taller.at/MOTIVATION/Beduerfnis-Pyramide-Maslow.shtml

– Kommunikation zur Konfliktlösung: das Gordon-Modell
http://www.werner-jung.de/52.html

https://de.wikipedia.org/wiki/Thomas_Gordon_%28Psychologe%29

http://www.aphilia.de/psychologie-humanistische-02-protagonisten.html

https://de.wikipedia.org/wiki/Gordon-Modell

http://www.birgitschulze.com/2014/08/19/geh%C3%B6rt-wie-gesagt-die-12-kommunikationssperren-des-thomas-gordon-und-was-sie-statt-dessen-sagen-k%C3%B6nnen/

- Humanistische Psychologie heute: Stand der Dinge

Hutterer, Robert: Das Paradigma der Humanistischen Psychologie. Entwicklung, Ideengeschichte und Produktivität, Wien 1998

Staub, Jürgen (Hg.): Der sich selbst verwirklichende Mensch. Über den Humanismus der humanistischen Psychologie, Bielefeld 2012

https://de.wikipedia.org/wiki/Klientenzentrierte_Psychotherapie

http://www.spektrum.de/lexikon/psychologie/humanistische-psychologie/6752

http://link.springer.com/chapter/10.1007/978-3-7091-7493-7_10#page-1

Grundlagenfächer

Collin, Catherine u. a.: Das Psychologie-Buch. Wichtige Theorien einfach erklärt, München 2012

- Allgemeine Psychologie

http://lexikon.stangl.eu/15299/grundlagenfaecher-der-psychologie/

https://de.wikipedia.org/wiki/Allgemeine_Psychologie

http://cognition.uni-mannheim.de/was_ist_allgemeine_psychologie/index.html

http://www.psychologie-studieren.de/studienfaecher/allgemeine-psychologie/

http://www.dgps.de/index.php?id=101

- Biologische Psychologie

https://de.wikipedia.org/wiki/Biopsychologie

http://www.psychologie-studieren.de/studienfaecher/biologische-psychologie/

http://www.dgps.de/index.php?id=102

- Differentielle oder Persönlichkeitspsychologie

http://www.dgps.de/index.php?id=107

http://www.psychologie-studieren.de/studienfaecher/differentielle-bzw-persoenlichkeitspsychologie/

https://de.wikipedia.org/wiki/Differentielle_Psychologie

QUELLENVERZEICHNIS

– Entwicklungspsychologie
http://www.dgps.de/index.php?id=103

https://de.wikipedia.org/wiki/Entwicklungspsychologie

http://www.psychologie-studieren.de/studienfaecher/entwicklungspsychologie/

https://de.wikipedia.org/wiki/Entwicklungsaufgabe

– Sozialpsychologie
http://www.dgps.de/index.php?id=108

https://de.wikipedia.org/wiki/Sozialpsychologie

http://www.psychologie-studieren.de/studienfaecher/sozialpsychologie/

http://www.forschung-erleben.uni-mannheim.de/?q=werwirsind/wasistsozpsy

https://de.wikipedia.org/wiki/Milgram-Experiment

Angewandte Psychologie

Collin, Catherine, u. a.: Das Psychologie-Buch. Wichtige Theorien einfach erklärt, München 2012

– Klinische Psychologie
http://www.dgps.de/index.php?id=114

http://www.psychologie-studieren.de/studienfaecher/klinische-psychologie/

https://de.wikipedia.org/wiki/Klinische_Psychologie

– Psychische Störung – was ist das? / Häufige psychische Störungen
http://www.psychotherapie-roland-hartmann.de/honorar_2012/degs_psychische_stoerungen.pdf

http://www.frauenzimmer.de/cms/psychische-krankheiten-die-10-haeufigsten-psychischen-erkrankungen-1644565.html

https://de.wikipedia.org/wiki/Liste_der_psychischen_und_Verhaltensst%C3%B6rungen_nach_ICD-10

https://de.wikipedia.org/wiki/Psychische_St%C3%B6rung

http://www.bptk.de/patienten/psychische-krankheiten.html

QUELLENVERZEICHNIS

- Medienpsychologie

http://www.dgps.de/index.php?id=116

http://www.psychologie-studieren.de/studienfaecher/medienpsychologie/

https://de.wikipedia.org/wiki/Medienpsychologie

- Pädagogische Psychologie

https://de.wikipedia.org/wiki/P%C3%A4dagogische_Psychologie

http://www.psychologie-studieren.de/studienfaecher/paedagogische-psychologie/

http://www.dgps.de/index.php?id=118

- Rechtspsychologie

http://www.psychologie-studieren.de/studienfaecher/rechtspsychologie/

http://www.dgps.de/index.php?id=120

https://de.wikipedia.org/wiki/Rechtspsychologie

- Umweltpsychologie

http://www.dgps.de/index.php?id=122

http://www.psychologie-studieren.de/studienfaecher/umweltpsychologie/

https://de.wikipedia.org/wiki/Umweltpsychologie

- Wirtschaftspsychologie

https://de.wikipedia.org/wiki/Wirtschaftspsychologie

http://www.psychologie-studieren.de/studienfaecher/wirtschaftspsychologie/

http://www.dgps.de/index.php?id=271

Glossar

http://flexikon.doccheck.com/de/Trieb

http://www.stangl.eu/psychologie/glossar.shtml

http://www.psychologie-studieren.de/glossar/

http://www.bdp-verband.org/psychologie/glossar/

https://www.psycheplus.de/wissen/glossar

Wenn Sie **Interesse** an **unseren Büchern** haben,

z. B. als Geschenk für Ihre Kundenbindungsprojekte, fordern Sie unsere attraktiven Sonderkonditionen an.

Weitere Informationen erhalten Sie bei unserem Vertriebsteam unter +49 89 651285-154

oder schreiben Sie uns per E-Mail an:

vertrieb@rivaverlag.de